Rhythm Pattern Listening

Yoshiki Takayama

KINSEIDO

Kinseido Publishing Co., Ltd.

3-21 Kanda Jimbo-cho, Chiyoda-ku,
Tokyo 101-0051, Japan

First published 2023 by Kinseido Publishing Co., Ltd.

Design: DAITECH co., ltd.
Writing support: Cora Watanabe
Illustrations: Toru Igarashi

音声ファイル無料ダウンロード

https://www.kinsei-do.co.jp/download/4177

この教科書で DL 00 の表示がある箇所の音声は、上記 URL または QR コードにて
無料でダウンロードできます。自習用音声としてご活用ください。

▶ PC からのダウンロードをお勧めします。スマートフォンなどでダウンロードされる場合は、
　ダウンロード前に「解凍アプリ」をインストールしてください。
▶ URL は、検索ボックスではなくアドレスバー (URL 表示欄) に入力してください。
▶ お使いのネットワーク環境によっては、ダウンロードできない場合があります。

◉ CD 00　左記の表示がある箇所の音声は、教室用 CD (Class Audio CD) に収録されています。

はしがき

　*Rhythm Pattern Listening*は、日本語を母語とする英語学習者の発音を矯正することにより、リスニング力を向上させることを目指したテキストです。現在では、インターネットを活用すれば、いわゆる「生の英語」を常時聞くことができますから、そうした英語のシャワーを浴びることでリスニング力を鍛えようとしている学習者は少なくないと思います。確かにリスニング力をつけるには多量の英語音声インプットに触れることが不可欠です。しかし、音声をただやみくもに浴びるだけでは、リスニング力の効果的な伸びにはつながらないのです。英語を聞き取れるようになるためには、リスニングの入り口の「音声知覚」の段階で、英語の音を正確に、かつ、すばやくキャッチできないといけません。しかし、体の中に英語の正しい音声データベースが構築されていないと、耳から入ってきた音が英語の音声だと認識できず、キャッチし損ねるのです。このテキストでは、英語の音声データをスムーズに蓄積できるように、日本語の特徴をそのまま持ち込んだゆがんだ英語発音を徹底的に矯正します。発音矯正トレーニングの際には「ある英単語がいくつの音節から成り、どの音節に強弱アクセントを置くのか」を視覚的に提示した「英単語リズムパターン」を活用し、体を動かしながらそのパターンを体得していくことで、英語を正しく聞き取れる耳の獲得を目指します。

　全15ユニットから成るこのテキストでは、各ユニット冒頭で、自然な英語発音と日本語の影響を受けたゆがんだ英語発音とを敢えてペアで聞かせることによって、その違いに気付かせ、日本語の影響を受けた英語発音のゆがみの原因や英語特有の音変化や強勢拍リズムなど、毎回1つのテーマに絞って学んでいきます。トレーニングといっても堅苦しいものではなく、筆者が講師をつとめたNHK Eテレの英語番組『エイエイGO!』や「即レス英会話」シリーズの発音体操、強弱書道など、視聴者から好評を博したユニークなものを多数取り入れました。発音の精度を上げていくために、日本語を母語とする英語学習者が特に苦手とする音素も各ユニットで取り上げ、また、150語から180語程度の長さの面白い内容の実話の聞き取りトレーニングを通して、聴解力も高めていきます。本テキストで紹介するユニークな発音トレーニングを一つ一つ丁寧にこなしていけば、リスニング力の飛躍的な伸びを体感できるはずです。

　最後に、本テキストの作成にあたっては金星堂編集部の池田恭子さん、長島吉成さんに大変お世話になりました。この場を借りて御礼申し上げます。

高山　芳樹

CONTENTS

本テキストの使い方

Record Your Performance

ユニットでの学習をする前の現時点での発音パフォーマンスを記録します。スマホのボイスレコーダー・アプリなどを利用して、3つのキー・センテンスを自分なりに音読している音声を録音します。録音の際は "Unit 1. April 14, 2023. One. Where's the hot spring on this map? Two. Tom went to …" のように冒頭でユニット番号と日付も録音しておくとよいでしょう。録音した音声は各ユニットの最後で再度使うので、削除せずに保存しておきます。

Feel the Difference

キー・センテンスのモデル音声と日本人にありがちなNG発音をペアで聞き比べ、どのような違いがあるかに意識を向けます。何度も聞いて、英文中で特に違いが感じられる箇所にマークをつけたり、気付いたことをメモしておきます。

Dictate Each Sentence

ユニットでの学習をする前に書き取りの問題に取り組みます。 STEP 1 で英文のモデル発音を2回聞き、空所の穴埋めをしていきます。 STEP 2 では、日本人にありがちなNG発音で読み上げられた音声を聞きます。 STEP 2 のヒントによって穴埋めできた箇所には、下線を引くなどのマークをつけておきましょう。マークをつけた箇所があなたのリスニングの弱点です。 STEP 3 で再度、英文のモデル音声を2回聞き、空所の最終確認をします。

Tips to Remember

ユニットでの学習ポイントを解説する動画を視聴します。動画の中で発音練習を促す箇所があるときは、実際にモデル音声を真似て発音してみてください。

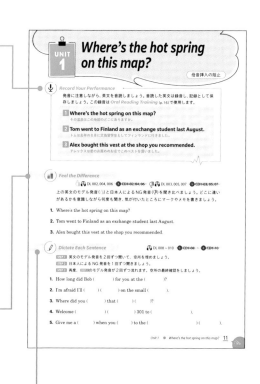

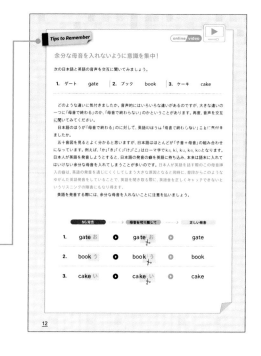

Pronunciation Training

動画で学んだ学習ポイントを定着させるための発音
トレーニングをします。指で図形を描いたり、体操を
したりしながら発音するトレーニングでは、実際に
身体を動かしながら、発音練習をしましょう。

Partial Dictation Drill

学習ポイントが定着できているかを確認するため、書
き取りの問題に取り組みます。

Focus on Sounds

日本語を母語とする英語学習者が苦手とする子音や
母音の音素の発音の仕方について解説する動画を視
聴します。動画の中で発音練習を促す箇所がある
ときは、実際にモデル音声を真似て発音してみてくだ
さい。ユニットによっては、音遊びをしながら発音練
習をする***Fun with the Sounds***のコーナーもあります。
Pronounce Words with the Soundsのコーナーでは、
ターゲットとなる音素を含んだ単語・フレーズや英文
を発音し、ペアでお互いの発音ができているかどう
か確認してみましょう。

Listening Drill: Question-Response

TOEIC L&Rのリスニング・セクション Part 2形式
の応答問題に取り組んだ後、ペアで役割練習をします。
応答問題では、1つの質問または発言と、それに対す
る3つの答えがそれぞれ一度だけ音声で流れるので、
最もふさわしい答えを選び、マークします。

Listening Comprehension

150語から180語程度の長さの実際にあったストーリーを聞いて、書き取りをした後、ストーリーの内容に関するTF(True or False)問題に取り組みます。

Oral Reading Training

キー・センテンスを再度、音読練習し、録音します。ユニット冒頭の *Record Your Performance* で録音・保存しておいた自分の発音パフォーマンスと聞き比べることで学習成果を確認します。各キー・センテンスには、英文の中で最も強く発音する音節に大きな黒丸(●)、2番目に強く発音する音節に大きな白丸(○)、弱く発音する音節に小さな白丸(｡)の表記をつけ、また、英文の文字の太さや大きさでもこの強弱を表しています。

さらに、2つの単語が連続する部分で、前の語が子音で終わり、次の語が母音で始まる場合に、前の子音と後ろの母音がくっついて1つの音を作る「音の連結」(Unit 8参照)が起こる箇所はスラー(‿)のマークで示し、語末の子音が脱落する「音の脱落」(Unit 10参照)が起こる箇所は緑色の網掛けで示しています。音読をする際には、各ユニットでの学習ポイントを意識すると共に、これらの表記が示す音変化に特に注意を払いながら練習しましょう。

学習前と学習後の自分の発音パフォーマンスを聞き比べる際には、各ユニットで学んだポイントが改善されているかどうかを特に念入りにチェックし、改善が不十分な場合には、再度、音読練習の上、録音をし、成果を確認するようにしましょう。

Wrap-Up

学習ポイントのまとめを読み、ユニットでの学習を振り返りながら達成度の自己評価をします。

体で覚える！　リズムパターン英単語

発音できる・聞き取れる語彙力を増強するコーナーです。日本語を母語とする英語学習者が発音する際によく間違える英単語をジャンル別に精選し、音節数が小さいものから大きいものに並べて提示しています。「音節」とは「音のかたまり」のことで、楽譜で言えば、「音符」に相当します。1つの音節には基本的に1つの母音が入っていて、例えば transportation は、trans・por・ta・tion のように4つの音節から成り、このように単語を音節単位で分割して提示することを「分綴」と言います。

　本テキストでは「ある英単語がいくつの音節から成り、何番目の音節を一番強く読むのか」を視覚的に提示したものを「英単語リズムパターン」と呼んでいます。このリストでは、各英単語のリズムパターン（Rhythm Pattern）を、RP1（数字表示）とRP2（●や 。のバブル表示）の2種類で表しています。例えば、transportation（trans・por・ta・tion）のRP1は「4 3」で、これは「4音節の英単語で、3つ目の音節を一番強く発音する」ことを表します。transportation のRP2は「○。●。」です。

> ●は、「強く、高く、長く、はっきりと」
> 。は、「弱く、低く、短く、あいまいに」
> ○は、普通の強さで発音します。

　つまり、transportation は英単語リズムパターンが「○。●。」なので、「タ_ッター_ッ」というリズムで発音します。小さい白丸の 。は思い切り力を抜いて発音しましょう。

　「日英ギャップ」とは、日本語に対応するカタカナ語を持つ英単語について、その「カタカナ語の音のかたまりの数（モーラ数）」から英単語の音節数を差し引いた数値のことです。例えば、1音節語のflightのカタカナ語「フライト」は、モーラ数が「フ・ラ・イ・ト」で4なので、4－1＝3となり、日英ギャップは3となります。日本語を母語とする英語学習者は、このような日英ギャップが大きい単語を発音する際に、英単語リズムパターンを崩してゆがんだ発音をすることが多いので、特に発音に注意が必要です。

　このリストでは、同じ英単語リズムパターンを持つ単語をまとめて提示しているので、これらの単語を発音する際には、同じリズムパターンであることを強く意識しながら、練習をしてください。

リズムパターン英単語　①乗り物・交通

英単語の「リズムパターン」（いくつの音節から成る単語で、何番目の音節を一番強く読むか）に着目して、発音練習をしましょう。リズムパターンが同じ単語は特にそれを意識して、同じリズムで発音してください。

対応するカタカナ語を持つ英単語で、「日英ギャップ」（カタカナ語のモーラ数から英単語の音節数を差し引いた数値）が大きいものは特に要注意です。正しい音節の数を意識して発音しましょう。

	単語	分綴	音節数	RP1	RP2	カタカナ語	モーラ数	日英ギャップ
1	flight	flight	1	1 1	●	フライト	4	3
2	train	train	1	1 1	●	トレイン	4	3
3	truck	truck	1	1 1	●	トラック	4	3
4	bike	bike	1	1 1	●	バイク	3	2
5	boat	boat	1	1 1	●	ボート	3	2
6	jet	jet	1	1 1	●	ジェット	3	2
7	bus	bus	1	1 1	●	バス	2	1
8	plane	plane	1	1 1	●			
9	ship	ship	1	1 1	●			
10	taxi	tax-i	2	2 1	●。	タクシー	4	2
11	spaceship	space-ship	2	2 1	●○	スペースシップ	7	5
12	subway	sub-way	2	2 1	●○	サブウェイ	4	2
13	airplane	air-plane	2	2 1	●○			
14	railroad	rail-road	2	2 1	●○			
15	bicycle	bi-cy-cle	3	3 1	●。。			
16	transportation	trans-por-ta-tion	4	4 3	○。●。			

UNIT 1

Where's the hot spring on this map?

母音挿入の阻止

 Record Your Performance

発音に注意しながら、英文を音読しましょう。音読した英文は録音し、記録として保存しましょう。この録音は *Oral Reading Training* (p.16)で使用します。

1 Where's the hot spring on this map?
その温泉はこの地図のどこにありますか。

2 Tom went to Finland as an exchange student last August.
トムは去年の8月に交換留学生としてフィンランドに行きました。

3 Alex bought this vest at the shop you recommended.
アレックスは君のお薦めのお店でこのベストを買いました。

 Feel the Difference

👍🎧 DL 002, 004, 006　💿 CD1-02, 04, 06　👎🎧 DL 003, 005, 007　💿 CD1-03, 05, 07

上の英文のモデル発音(👍)と日本人によるNG発音(👎)を聞き比べましょう。どこに違いがあるかを意識しながら何度も聞き、気が付いたところにマークやメモを書きましょう。

1. Where's the hot spring on this map?

2. Tom went to Finland as an exchange student last August.

3. Alex bought this vest at the shop you recommended.

✏️ *Dictate Each Sentence*　🎧 DL 008 ~ 010　💿 CD1-08 ~ 💿 CD1-10

STEP 1 英文のモデル発音を2回ずつ聞いて、空所を埋めましょう。
STEP 2 日本人によるNG発音を1回ずつ聞きましょう。
STEP 3 再度、STEP 1 のモデル発音が2回ずつ流れます。空所の最終確認をしましょう。

1. How long did Bob (　　　　) for you at the (　　　　)?

2. I'm afraid I'll (　　　) (　　　　) on the small (　　　　).

3. Where did you (　　　) that (　　　) (　　　)?

4. Welcome (　　　　　) (　　　　　) 301 to (　　　　　　).

5. Give me a (　　　　) when you (　　　) to the (　　　　　　) (　　　　).

online / video

余分な母音を入れないように意識を集中！

次の日本語と英語の音声を交互に聞いてみましょう。

1. ゲート　　　gate ｜ **2.** ブック　　　book ｜ **3.** ケーキ　　　cake

・・

　どのような違いに気付きましたか。音声的にはいろいろな違いがあるのですが、大きな違いの一つに「母音で終わる」のか、「母音で終わらない」のかということがあります。再度、音声を交互に聞いてみてください。

　日本語のほうが「母音で終わる」のに対して、英語のほうは「母音で終わらない」ことに気付きましたか。

　五十音図を見るとよく分かると思いますが、日本語はほとんどが「子音＋母音」の組み合わせになっています。例えば、「か」「き」「く」「け」「こ」はローマ字でka, ki, ku, ke, koとなります。日本人が英語を発音しようとすると、日本語の発音の癖を英語に持ち込み、本来は語末に入れてはいけない余分な母音を入れてしまうことが多いのです。日本人が英語を話す際のこの母音挿入の癖は、英語の発音を通じにくくしてしまう大きな原因となると同時に、普段からこのようなゆがんだ英語発音をしていることで、英語を聞き取る際に、英語音を正しくキャッチできないというリスニングの障害にもなり得ます。

　英語を発音する際には、余分な母音を入れないことに注意を払いましょう。

	NG発音	→	母音を切り離して	→	正しい発音
1.	gate お	▶	ga te お	▶	gate
2.	book う	▶	boo k う	▶	book
3.	cake い	▶	ca ke い	▶	cake

🗣 *Pronunciation Training*

1. モデル音声を参考に、余分な母音を入れないように意識しながら、英語の子音だけを 10 回連続して言いましょう。　　　　　🎧 DL 011　💿 CD1-11

① p, p, p, p, p, p, p, p, p, p.

② b, b, b, b, b, b, b, b, b, b.

③ t, t, t, t, t, t, t, t, t, t.

④ d, d, d, d, d, d, d, d, d, d.

⑤ k, k, k, k, k, k, k, k, k, k.

⑥ g, g, g, g, g, g, g, g, g, g.

⑦ m, m, m, m, m, m, m, m, m, m.

⑧ s, s, s, s, s, s, s, s, s, s.

⑨ sh, sh, sh, sh, sh, sh, sh, sh, sh, sh.

⑩ ch, ch, ch, ch, ch, ch, ch, ch, ch, ch.

⑪ ts, ts, ts, ts, ts, ts, ts, ts, ts, ts.

2. モデル音声を参考に、英単語を一番後ろの音から発音し、その音を固定した上で、徐々に前の音を付け足して発音しましょう。　　　　　🎧 DL 012　💿 CD1-12

① 【map】　　　　　p → ap → map

② 【August】　　　t → st → ust → gust → August

③ 【recommended】　d → ed → mended → commended → recommended

④ 【amusement】　t → ent → ment → usement → musement → amusement

⑤ 【park】　　　　k → ark → park

✏️ *Partial Dictation Drill*　　　　　🎧 DL 013　💿 CD1-13

英文のモデル発音を 2 回ずつ聞いて、空所を埋めましょう。

1. Is this your (　　　　) (　　　　) to (　　　　　　)?

2. (　　　) me (　　　　) you to the (　　　　　　).

3. We (　　　　) a close (　　　　) at the (　　　).

4. What a (　　　) (　　　　) you (　　　　)!

5. You can see the (　　　　　) (　　　　) the (　　　) of the mountain.

online video

/f/ と /v/

単語の色の付いた部分の音に注意しながら、次の日本語と英語の音声を交互に聞いてみましょう。

1. ファースト   **f**irst   2. ナイフ   kni**fe**
3. ビジュアル   **v**isual   4. ライブ   li**ve**

英語の /f/ と /v/ の音は、上の前歯を下唇に「軽く」押し当てたまま息を出すことによって出すことができます。/f/ は声を伴わない無声音、/v/ は声を伴う有声音です。それぞれ、日本語の「フ」や「ブ」にならないよう気を付けましょう。

 息を思い切り吐き出しながら /f/ の音を連続で出し、その後、声を出して、「バイクの音」をイメージしながら /v/ の音を出してみましょう。

 Pronounce Words with the Sounds

単語を発音した後、フレーズで発音しましょう。また、正しい発音ができているかどうか、ペアでお互いに確認しましょう。

father, **f**a**v**orite, **f**esti**v**al → my **f**ather's **f**a**v**orite **f**esti**v**al

Listening Drill: Question-Response   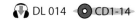 DL 014   CD1-14

1. 質問または発言を聞いて、応答として最も適切なものを (A) 〜 (C) から1つ選びましょう。

   ① (A)   (B)   (C)
   ② (A)   (B)   (C)
   ③ (A)   (B)   (C)

2. 答え合わせの後、もう一度会話を聞き、ペアで会話の役割練習をしましょう。

1. 英語のストーリーを聞いて、空所を埋めましょう。　🎧 DL 015　💿 CD1-15

Sleeping Bus Tour

　　Hong Kong has a unique bus tour that helps people fall asleep. Passengers who take the tour can enjoy a 76-kilometer, ① ＿＿＿＿＿＿＿ ＿＿＿＿＿＿＿＿＿ around the territory while sleeping. The organizer of the tours got the idea from a friend's ② ＿＿＿＿＿＿＿＿＿＿＿＿＿＿＿＿＿ .

5　The friend mentioned in the post that he couldn't ③ ＿＿＿＿＿＿＿＿＿＿＿ because of stress from work. However, he was able to sleep well when traveling on a bus. This led to the creation of a bus tour for sleeping instead of sightseeing.

　　For a ticket costing from \$13 to \$51, passengers can choose seats on

10　either the upper or lower deck of the bus. Passengers even get a goodie bag ④ ＿＿＿＿＿＿＿＿＿＿＿＿＿＿＿＿＿＿＿＿＿ and ear plugs to ensure better sleep. Tickets were completely ⑤ ＿＿＿＿＿＿＿＿＿ for the first "Sleeping Bus Tour." Some passengers brought blankets, ⑥ ＿＿＿＿＿＿＿＿＿＿＿＿＿＿＿＿＿ ＿＿＿＿＿＿＿＿＿ to help them sleep better.

> Note　goodie bag　プレゼント袋

2. 空所を埋めたストーリーを読み、次の英文がその内容に合っていれば T、合っていなければ F にマークしましょう。

① The passengers of the tour got upset because they fell asleep on the bus.

[T / F]

② The unique bus tour became very popular soon after the organizer of the tour posted its ad on social media.　　　[T / F]

③ The fare is the same for all seats.　　　[T / F]

1. 音変化に注意しながら、英文の音読練習をしましょう。　🎧 DL 016　◉ CD1-16

---

1 **Where's** the **hot** spring on this **map**?
●　　。●　　○　。　○　　●

2 **Tom** **wen**t to **Fin**land as an ex**change** **stu**dent last **Au**gust.
●　　●　。●　○　　。　。　●　　　●　。○　　●　。

3 **A**lex **bought** this **vest** at the **sho**p you re**Com****mend**ed.
●。　●　　　○　●　。　。●　。○。　●　。

---

2. 音読練習後に英文を録音して、冒頭の*Record Your Performance*（p.11）で録音した自分の音読パフォーマンスと比較して聞いてみましょう。

Wrap-Up

　本Unitのポイントである「母音挿入の阻止」はうまくできていますか。
　日本人英語学習者は、日本語の影響から母音挿入する癖が体に染みついていますから、余分な母音を入れないことを強く意識して何度も何度も音読練習をして、英語らしい自然な発音を身に付けましょう。

....

達成度を5段階で自己評価しましょう。

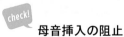

母音挿入の阻止

できなかった　　　　　ふつう　　　　　うまくできた
　1　　　2　　　3　　　4　　　5

🎧 DL 017 ◉ CD1-17

リズムパターン英単語

① 乗り物・交通

英単語の「リズムパターン」(いくつの音節から成る単語で、何番目の音節を一番強く読むか)に着目して、発音練習をしましょう。リズムパターンが同じ単語は特にそれを意識して、同じリズムで発音してください。

対応するカタカナ語を持つ英単語で、「日英ギャップ」(カタカナ語のモーラ数から英単語の音節数を差し引いた数値)が大きいものは特に要注意です。正しい音節の数を意識して発音しましょう。

	単語	分綴	音節数	RP1	RP2	カタカナ語	モーラ数	日英ギャップ
1	flight	flight	1	1 1	●	フライト	4	3
2	train	train	1	1 1	●	トレイン	4	3
3	truck	truck	1	1 1	●	トラック	4	3
4	bike	bike	1	1 1	●	バイク	3	2
5	boat	boat	1	1 1	●	ボート	3	2
6	jet	jet	1	1 1	●	ジェット	3	2
7	bus	bus	1	1 1	●	バス	2	1
8	plane	plane	1	1 1	●			
9	ship	ship	1	1 1	●			
10	taxi	tax·i	2	2 1	●。	タクシー	4	2
11	spaceship	space·ship	2	2 1	●○	スペースシップ	7	5
12	subway	sub·way	2	2 1	●○	サブウェイ	4	2
13	airplane	air·plane	2	2 1	●○			
14	railroad	rail·road	2	2 1	●○			
15	bicycle	bi·cy·cle	3	3 1	●。。			
16	transportation	trans·por·ta·tion	4	4 3	○。●。			

UNIT 2

Exercise more regularly to stay healthy.

英語と日本語の「音のカタマリの数」の違い

🎤 *Record Your Performance*

発音に注意しながら、英文を音読しましょう。音読した英文は録音し、記録として保存しましょう。この録音は *Oral Reading Training* (p.23) で使用します。

1 **Exercise more regularly to stay healthy.**
健康を維持するためにもっと定期的に運動をしなさい。

2 **Bob's girlfriend belongs to the badminton club.**
ボブの彼女はバドミントン部に入っています。

3 **My brother says the game was quite thrilling.**
私の兄はその試合はスリル満点だったと言っています。

⊟ *Feel the Difference*

👍🎧 DL 018, 020, 022 ⊙ CD1-18, 20, 22   👎🎧 DL 019, 021, 023 ⊙ CD1-19, 21, 23

上の英文のモデル発音(👍)と日本人によるNG発音(👎)を聞き比べましょう。どこに違いがあるかを意識しながら何度も聞き、気が付いたところにマークやメモを書きましょう。

1. Exercise more regularly to stay healthy.

2. Bob's girlfriend belongs to the badminton club.

3. My brother says the game was quite thrilling.

✏️ *Dictate Each Sentence*

🎧 DL 024 ~ 026 ⊙ CD1-24 ~ ⊙ CD1-26

STEP 1 英文のモデル発音を2回ずつ聞いて、空所を埋めましょう。
STEP 2 日本人によるNG発音を1回ずつ聞きましょう。
STEP 3 再度、STEP 1 のモデル発音が2回ずつ流れます。空所の最終確認をしましょう。

1. Basically I'm (   ) (   ) (   ) (   ).

2. The (   ) (   ) was broadcast on television
(   ).

3. Lisa started (   ) (   ) (   ) (   ) last month.

4. I met my P.E. teacher at the (   ) (   ) (   ).

5. My brother (   ) (   ) with his friends (   ) (   ) (

音のカタマリの数の違いに注意！

次の日本語と英語の音声を交互に聞いてみましょう。

1. プログラム　program　**2.** ソフトボール　softball　**3.** バスケットボール　basketball

....

　英語のほうが何となく長さが短く感じませんでしたか。日本語の「プログラム」を鼻歌のように「ん」で言ってみてください。「ん・ん・ん・ん・ん」となり、「ん」は５つですね。「プログラム」は「pu·ro·gu·ra·mu」と５つの母音が入っており、日本人は５つの「音のカタマリ」でできていると感じています。それに対して、英語のprogramは辞書の見出し表示にpro·gramと２分割されているとおり、母音が２つなので「ん・ん」、つまり「音のカタマリ」（音節）の数は２つです。「音節」とは「母音のように目立ってよく聞こえる音を中心にしてできた音のカタマリ」のことです。英語のprogramを発音する際には、２音節の単語であることを意識し、ペンで机を２回叩いたり、指を１本、２本と順に立てる動作に合わせて、pro·gramと発音しましょう。

　同様にsoft·ballも２音節、bas·ket·ballは３音節の単語であることを強く意識しながら、正しい音節数で発音練習しましょう。「sofうtお ballう」や「basうketお ballう」のように、余分な母音を入れてゆがんだ通じにくい英語発音にならないように特に注意です。

　なお、fine, game, point, out, coachといった「アィ」「エィ」「オィ」「アゥ」「オゥ」のような２つの連続する母音を持つ英単語については、１つ目の母音を強めに、２つ目の母音は滑らかに続けて軽く添えるように発音しましょう。これらは「二重母音」といって、「音のカタマリ」としてはあくまで１つとして数える１音節語です。全て１拍で発音するようにしましょう。

　次のフレーズの後ろのカッコ内に示された「音のカタマリ」の数を強く意識して、発音を聞いてみましょう。

1. a fine play (3)　　**2.** a nice game (3)　　**3.** win the game by three points (6)

4. call timeout (3)　　**5.** a strict coach (3)　　**6.** hit a home run (4)

 *Pronunciation Training*

1. 単語がジャンルごとに「1音節→2音節→3音節」の順に並べられています。音のカタマリの数ぶん、指を1本、2本、3本と順に立てながら、発音しましょう。

DL 027　CD1-27

①	スポーツ	glove	⇒ rack·et	⇒	ex·er·cise
②	食べ物	steak	⇒ sand·wich	⇒	ham·burg·er
③	教科	math	⇒ Eng·lish	⇒	his·to·ry
④	職業	nurse	⇒ pi·lot	⇒	jour·nal·ist
⑤	文房具	glue	⇒ scis·sors	⇒	e·ras·er

2. 3音節の単語は三角形、4音節の単語は菱形、5音節の単語は五角形を指で描きながら、動きに合わせて発音しましょう。

DL 028　CD1-28

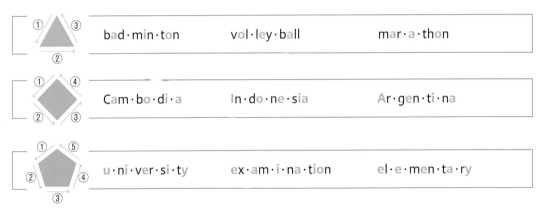

bad·min·ton　　vol·ley·ball　　mar·a·thon

Cam·bo·di·a　　In·do·ne·sia　　Ar·gen·ti·na

u·ni·ver·si·ty　　ex·am·i·na·tion　　el·e·men·ta·ry

 *Partial Dictation Drill*

DL 029　CD1-29

英文のモデル発音を2回ずつ聞いて、空所を埋めましょう。

1. Let's go watch (　　) (　　　　) (　　　　).

2. It's perfect (　　　　　) (　　) (　　　　).

3. Did you hear Japan (　　　) the (　　　　) (　　　　)?

4. My favorite (　　　　　　) (　　　　) is (　　　　　　)
basketball.

5. In kendo, the *bushido* spirit (　　　　) (　　　) (　　　　　　) (　　　).

online video

/θ/ と /ð/

単語の色のついた部分の音に注意しながら、次の日本語と英語の音声を交互に聞いてみましょう。

1. スリル　　　　thrill　　　　　2. マラソン　　　marathon
3. マザー　　　　mother　　　　　4. ウェザー　　　weather

英語の /θ/ と /ð/ の th 音は、舌先を上の歯の裏に軽く当てて、その狭いすき間から息を強く出すと出る擦れるような音です。/θ/ は声を伴わない無声音、/ð/ は声を伴う有声音です。それぞれ、日本語のサ行音やザ行音にならないよう気を付けましょう。常に舌先に意識を向けて発音練習してください。

息を思い切り吐き出しながら /θ/ の音を連続で出し、その後、声を出して、「船の汽笛」をイメージしながら /ð/ 音を出してみましょう。

Pronounce Words with the Sounds

単語を発音した後、センテンスで発音しましょう。また、正しい発音ができているかどうか、ペアでお互いに確認しましょう。

breath, breathe → Take a deep breath. Now breathe out.

 Listening Drill: Question-Response　　　　　　　DL 030　　CD1-30

1. 質問または発言を聞いて、応答として最も適切なものを (A) ～ (C) から 1 つ選びましょう。

① (A)　　(B)　　(C)
② (A)　　(B)　　(C)
③ (A)　　(B)　　(C)

2. 答え合わせの後、もう一度会話を聞き、ペアで会話の役割練習をしましょう。

1. 英語のストーリーを聞いて、空所を埋めましょう。　　　　🎧 DL 031　💿 CD1-31

The House Built on Bowling Balls

What would you do if you found 160 bowling balls under your house? That's what ① _____ in Michigan.

David Olson and his family bought a house in 2019. When Olson began removing some ② _____ attached to the house,
5　he found that they were built on old bowling balls. He eventually found 160 bowling balls under the stairs and patio. He thinks there are even more in the ground.

After the discovery, Olson became worried that the house could have been a dumping ground for hazardous materials. He ③ _____
10　_____ of the bowling balls. They said the balls probably came ④ _____ the company had nearby in the 1950s. Olson thinks the original owner of the house somehow got the bowling balls and used them to fill spaces around the house.

Meanwhile, Olson has been receiving ⑤ _____
15　_____ through a Facebook group he's been using to document what he has been doing, and has even ⑥ _____
_____ to help pay for wrecking costs.

Notes patio　中庭　　wrecking　解体作業

2. 空所を埋めたストーリーを読み、次の英文がその内容に合っていれば T、合っていなければ F にマークしましょう。

① A man in Michigan named David Olson hid 160 bowling balls under his house.　　　　　　　　　　　　　　　　　　　　　　　　[T / F]

② Olson was shocked to know that his house had been a dumping ground for dangerous materials.　　　　　　　　　　　　　　　　　[T / F]

③ Olson wants to raise funds for a project to make bowling more popular with young people.　　　　　　　　　　　　　　　　　[T / F]

1. 音変化に注意しながら、英文の音読練習をしましょう。　　🎧 DL 032　💿CD1-32

1 **Ex**erc**ise** more **reg**ularly to **stay health**y.

● ｡ ○　　○　　● ｡ ｡ ｡ ｡ ● 　 ● 　　｡

2 **Bob's girl**friend be**longs** to the **bad**minton **club.**

● 　 ● 　○　 ｡● 　 ｡ ｡ ● ｡ ○ 　●

3 My **bro**ther **says** the **game** was **qui**te **thrill**ing.

｡　 ●　 ｡ ● 　 ｡ ● 　｡ 　 ● 　 ●｡

2. 音読練習後に英文を録音して、冒頭の*Record Your Performance* (p.18) で録音した自分の音読パフォーマンスと比較して聞いてみましょう。

　本Unitのポイントである各英単語の「音のカタマリの数」(音節数)はしっかりと意識できていますか。
　日本人英語学習者は英語を発音する際も日本語の影響を受けて、余分な母音を挿入する癖が体に染み込んでいるため、どうしても英単語の音節の数が実際よりも多くなってしまうことが多いです。音のカタマリを不必要に増やさないよう常に意識をしながら発音練習に取り組みましょう。

達成度を5段階で自己評価しましょう。

英語と日本語の「音のカタマリの数」の違い

できなかった　　　　ふつう　　　　うまくできた
　　1　　　2　　　3　　　4　　　5

🎧 DL 033　◉ CD1-33

リズムパターン英単語

② スポーツ

　英単語の「リズムパターン」(いくつの音節から成る単語で、何番目の音節を一番強く読むか)に着目して、発音練習をしましょう。リズムパターンが同じ単語は特にそれを意識して、同じリズムで発音してください。

　対応するカタカナ語を持つ英単語で、「日英ギャップ」(カタカナ語のモーラ数から英単語の音節数を差し引いた数値)が大きいものは特に要注意です。正しい音節の数を意識して発音しましょう。

	単語	分綴	音節数	RP1	RP2	カタカナ語	モーラ数	日英ギャップ
1	race	race	1	1 1	●	レース	3	2
2	sport	sport	1	1 1	●	スポーツ	4	3
3	baseball	base・ball	2	2 1	●○	ベースボール	6	4
4	football	foot・ball	2	2 1	●○	フットボール	6	4
5	bowling	bowl・ing	2	2 1	●。	ボーリング	5	3
6	jogging	jog・ging	2	2 1	●。	ジョギング	4	2
7	relay	re・lay	2	2 1	●.	リレー	3	1
8	swimming	swim・ming	2	2 1	●.	スイミング	5	3
9	training	train・ing	2	2 1	●.	トレーニング	6	4
10	badminton	bad・min・ton	3	3 1	●。。	バドミントン	6	3
11	tournament	tour・na・ment	3	3 1	●。。	トーナメント	6	3
12	basketball	bas・ket・ball	3	3 1	●。○	バスケットボール	8	5
13	exercise	ex・er・cise	3	3 1	●。○	エクササイズ	6	3
14	marathon	mar・a・thon	3	3 1	●。○	マラソン	4	1
15	volleyball	vol・ley・ball	3	3 1	●。○	バレーボール	6	3
16	Olympics	O・lym・pics	3	3 2	。●。	オリンピック	6	3

UNIT 3
We have three children and two dogs.

英語の「強弱」アクセント

Record Your Performance

発音に注意しながら、英文を音読しましょう。音読した英文は録音し、記録として保存しましょう。この録音は *Oral Reading Training* (p.30)で使用します。

1 **We have three children and two dogs.**
子どもが3人と犬が2匹います。

2 **What a nice camera you have!**
ずいぶん良いカメラを持っていますね！

3 **My grandparents are in good health.**
私の祖父母は健康です。

Feel the Difference

👍🎧 DL 034, 036, 038　⚫ CD1-34, 36, 38　👎🎧 DL 035, 037, 039　⚫ CD1-35, 37, 39

上の英文のモデル発音(👍)と日本人によるNG発音(👎)を聞き比べましょう。どこに違いがあるかを意識しながら何度も聞き、気が付いたところにマークやメモを書きましょう。

1. We have three children and two dogs.

2. What a nice camera you have!

3. My grandparents are in good health.

Dictate Each Sentence

🎧 DL 040 ~ 042　⚫ CD1-40 ~ ⚫ CD1-42

STEP 1 英文のモデル発音を2回ずつ聞いて、空所を埋めましょう。
STEP 2 日本人によるNG発音を1回ずつ聞きましょう。
STEP 3 再度、 STEP 1 のモデル発音が2回ずつ流れます。空所の最終確認をしましょう。

1. (　　　　　) (　　　　　) (　　　　　　　) are there in your (　　　　　　　)?

2. Our (　　　　　　　) just (　　　　　) (　　　　　).

3. Your (　　　　　　　) has a (　　　　　) (　　　) the (　　　　　　).

4. Dad (　　　　　　　) to take me to the (　　　　　　) (　　　　　　　).

5. My aunt is an (　　　　　) (　　　) (　　　　　　　　　　)
(　　　　　　　　).

「強く」は「強く・高く・長く・はっきりと」の4点セットで!

　Unit 1とUnit 2では、日本語と英語の音節数に意識を向け、英語を発音する際には余分な母音を入れないことを学びました。ここでは敢えて、日本語と英語で音節数が同じ単語の音声を交互に聞いてみてください。

1. カメラ　camera ┃ **2.** アメリカ　America ┃ **3.** ホノルル　Honolulu

　日本語のほうは強弱が無く平板なのに、英語のほうはとてもダイナミックな感じがしませんか。日英の発音の違いがよく分かるように、Unit 2で使った「ん」の代わりに「タ」で発音すると次のようになります。

日本語: カメラ　　➡　ka・me・ra　　　　（タ・タ・タ）

英語:　camera　➡　**cam**・er・a　　（**ター**・タ・タ）

　英語のほうが強弱のメリハリがあることが分かると思いますが、実は「強い・弱い」の違いだけではなく、英語で強く発音する音節は「強く・高く・長く・はっきりと」の4点セットで発音されるのです。遠くに友人がいるのを見つけて、「おーい!」としっかりとお腹から勢いよく大きな声を出すときのイメージです。弱く発音する音節は「弱く・低く・短く・あいまいに」発音しましょう。HonoluluのHon-のように、中程度の音の強さ（第2強勢）を持つ音節は普通の強さで発音するとよいでしょう。その分、第1強勢を持つ3つ目の音節-lu-は4点セットでおおげさに発音しましょう。

America　➡　A・**mer**・i・ca　（タ・**ター**・タ・タ）

Honolulu　➡　Hon・o・**lu**・lu　（タ・タ・**ター**・タ）

　第1強勢を持ち、「強く・高く・長く・はっきりと」発音する音節を●、第2強勢を持ち、普通の強さで発音する音節を○、強勢を持たずに「弱く・低く・短く・あいまいに」発音する音節を 。で表すと、次のようになります。

1. camera　●‥ ┃ **2.** America　。●‥ ┃ **3.** Honolulu　○。●。

👄 *Pronunciation Training*　🎧 DL 043　💿 CD1-43

音節数を意識しながら、英語の強弱アクセントを体で覚える「強弱書道」をやってみましょう。毛筆を持っていることをイメージしながら、実際に腕を動かして「弱」は「弱く・低く・短く・あいまいに」ちょんと点を書き、「強」は「強く・高く・長く・はっきりと」した力強い横棒を書きます。Japan の場合は ．━━ と書きながら、「ジュペアーーンヌ！」と発音します。下の表を使って、実際に体を動かしながら発音してみましょう。目の前に黒板があることをイメージして強弱書道の動きをしてもよいですし、実際に黒板がある場合はチョークで書いたり、紙にペンで書いたりしながら練習してください。

1.	Chi·nese / con·trol / e·vent / mis·take / Ja·pan / re·spect / suc·cess / sur·prise / ty·phoon / u·nique	．━━
2.	ac·tor / can·cer / chil·dren / ex·pert / flo·rist / is·land / lan·guage / neigh·bor / pub·lic / vil·lage	━━．
3.	cam·er·a / Can·a·da / cus·tom·er / fam·i·ly / in·ter·est / med·i·cine / hos·pi·tal / pov·er·ty / rel·a·tive / sud·den·ly	━━．．
4.	as·sis·tant / con·clu·sion / di·sas·ter / ex·cit·ed / fi·nan·cial / i·mag·ine / O·lym·pics / pro·duc·tive / re·lax·ing / tra·di·tion	．━━．

✏️ *Partial Dictation Drill*　🎧 DL 044　💿 CD1-44

英文のモデル発音を２回ずつ聞いて、空所を埋めましょう。

1. Are you (　　　　) (　　　　) (　　　　)?

2. One of my (　　　　　　　) lives in (　　　　) (　　　　　　).

3. There are (　　　　　　　) very large (　　　　　　)
(　　　　　　).

4. My (　　　　) teaches English to (　　　　　) as a (　　　　　　).

5. Our son lives in a (　　　　　　　) in a (　　　　).

あいまい母音 /ə/

　母音 /ə/ は、口を少しだけ開けたまま、口元の筋肉を思い切り脱力させて自然に声を出すと出る音で、「あいまい母音」または「シュワ」(schwa) と呼ばれています。日本語の「ア」と「ウ」の中間のような、こもったような音です。日本人はどうしても口を開け過ぎて、はっきりと丁寧に音を出してしまう人が多いのですが、これは NG です。ポイントは唇も舌も思い切り力を抜いて、ぼんやりとした音を出すことです。

　あいまいさが十分でない NG 発音と、実際の「あいまい母音」を含む正しい英語発音を交互に聞いてみましょう。単語の色の付いた部分の発音に注意を払ってください。

1. banana　　[bənǽnə]　　　　**2.** camera　　[kǽmərə]

3. America　[əmérikə]　　　　**4.** about　　[əbáut]

> 日本語の「ア」を 5 回連続で発音した直後に、英語の「あいまい母音」/ə/ を同じく 5 回連続で発音しましょう。その後で、日本語の「ア」と英語の「あいまい母音」/ə/ を交互に 5 回連続で発音しましょう。

Pronounce Words with the Sounds

単語の色の付いた部分を「あいまい母音」で発音した後、センテンスで発音しましょう。また、正しい発音ができているかどうか、ペアでお互いに確認しましょう。

　　　to, the, again → Go to the shop again.

Listening Drill: Question-Response　　　　DL 045　CD1-45

1. 質問または発言を聞いて、応答として最も適切なものを (A) ～ (C) から1つ選びましょう。

　① (A)　　(B)　　(C)

　② (A)　　(B)　　(C)

　③ (A)　　(B)　　(C)

2. 答え合わせの後、もう一度会話を聞き、ペアで会話の役割練習をしましょう。

1. 英語のストーリーを聞いて、空所を埋めましょう。　　　　🎧 DL 046　💿 CD1-46

Miracle Encounter

Randy Waites found a brother he never knew he had. He was watching TV at home when he saw a tourist named Edward Waites ① ＿＿＿＿＿＿＿ ＿＿＿＿＿＿＿＿＿＿＿＿ on the news. Randy ② ＿＿＿＿＿＿＿＿＿＿＿＿＿＿ because they had the same last name. He showed a photo he had taken of

5　the TV screen to his kids. They thought the man looked a lot like their father.

An ③ ＿＿＿＿＿＿＿＿＿＿＿＿＿＿＿＿＿＿＿ for the man named Edward Waites. The search proved the two men were brothers. Randy was shocked because he grew up without a father who ④ ＿＿＿＿＿＿＿＿＿＿＿

10　＿＿＿＿＿＿＿＿when Randy was a baby.

Edward Waites was also shocked when he found out he had an older brother. After talking on the phone, the two met. They compared their ⑤ ＿＿＿＿＿＿＿＿＿＿＿＿＿＿＿＿＿＿＿＿＿＿＿＿＿＿. Randy grew up poor with a single mother. Edward had a loving father who was his hero.

15　However, they also found out they liked many of the same things. Randy said he ⑥ ＿＿＿＿＿＿＿＿＿＿＿＿＿＿＿＿. He just wanted to be good to his new brother, and knew that Edward felt the same.

2. 空所を埋めたストーリーを読み、次の英文がその内容に合っていれば T、合っていなければ F にマークしましょう。

① Randy Waites gave an interview to Edward Waites by accident.　　[T / F]

② Randy Waites took a picture of Edward Waites on the TV screen and showed it to his kids.　　[T / F]

③ Both Randy Waites and Edward Waites were shocked to know that they were brothers.　　[T / F]

🎤 *Oral Reading Training*

1. 音変化に注意しながら、英文の音読練習をしましょう。　🎧 DL 047　💿 CD1-47

> **1** We **have three chil**dren and **two dogs.**
> ○ ● 　 ● ● 　 ○ ○ 　 ● ●
>
> **2** **What** a **nice cam**era you **have!**
> ● ○ ● ● ○ ○ ●
>
> **3** My **grand**parents are in good **health.**
> ○ ● ○ ○ ○ ○ ○ ●

2. 音読練習後に英文を録音して、冒頭の*Record Your Performance*（p.25）で録音した自分の音読パフォーマンスと比較して聞いてみましょう。

　本Unitのポイントである「強弱アクセントの発音の仕方」に十分注意が向けられていますか。
　日本人英語学習者は、特に「弱く」発音すべき音節を強くはっきりと丁寧に発音し過ぎる傾向がありますので、しっかりと「弱く・低く・短く・あいまいに」発音するように気を付けてください。強弱のメリハリをつけた発音ができるように何度も繰り返し音読練習しましょう。

達成度を５段階で自己評価しましょう。

英語の「強弱」アクセント

できなかった　　　ふつう　　　うまくできた
1　　2　　3　　4　　5

リズムパターン英単語

③ 人・家族

英単語の「リズムパターン」(いくつの音節から成る単語で、何番目の音節を一番強く読むか)に着目して、発音練習をしましょう。リズムパターンが同じ単語は特にそれを意識して、同じリズムで発音してください。

対応するカタカナ語を持つ英単語で、「日英ギャップ」(カタカナ語のモーラ数から英単語の音節数を差し引いた数値)が大きいものは特に要注意です。正しい音節の数を意識して発音しましょう。

	単語	分綴	音節数	RP1	RP2	カタカナ語	モーラ数	日英ギャップ
1	aunt	aunt	1	1 1	●			
2	children	chil·dren	2	2 1	●。	チルドレン	5	3
3	female	fe·male	2	2 1	●。			
4	husband	hus·band	2	2 1	●。			
5	neighbor	neigh·bor	2	2 1	●。			
6	uncle	un·cle	2	2 1	●。			
7	expert	ex·pert	2	2 1	●。	エキスパート	6	4
8	ancestor	an·ces·tor	3	3 1	●。。			
9	audience	au·di·ence	3	3 1	●。。	オーディエンス	6	3
10	customer	cus·tom·er	3	3 1	●。。	カスタマー	5	2
11	follower	fol·low·er	3	3 1	●。。	フォロワー	4	1
12	relative	rel·a·tive	3	3 1	●。。			
13	grandparent	grand·par·ent	3	3 1	●○。			
14	assistant	as·sis·tant	3	3 2	。●。	アシスタント	6	3
15	volunteer	vol·un·teer	3	3 3	○。●	ボランティア	5	2
16	individual	in·di·vid·u·al	5	5 3	○。●。。			

UNIT 4
Enjoy the rest of your stay in Hawaii!

アクセントの位置

 Record Your Performance

発音に注意しながら、英文を音読しましょう。音読した英文は録音し、記録として保存しましょう。この録音は *Oral Reading Training* (p.37) で使用します。

1 Enjoy the rest of your stay in Hawaii!
ハワイでの残りの滞在を楽しんでくださいね！

2 What brings you to Australia?
あなたはなぜオーストラリアに来たのですか。

3 What do you want to do in Egypt?
あなたはエジプトで何をしたいですか。

 Feel the Difference

👍🎧 DL 049, 051, 053 ⏺ CD1-49, 51, 53 👎🎧 DL 050, 052, 054 ⏺ CD1-50, 52, 54

上の英文のモデル発音（👍）と日本人によるNG発音（👎）を聞き比べましょう。どこに違いがあるかを意識しながら何度も聞き、気が付いたところにマークやメモを書きましょう。

1. Enjoy the rest of your stay in Hawaii!

2. What brings you to Australia?

3. What do you want to do in Egypt?

✏️ *Dictate Each Sentence* 🎧 DL 055 ~ 057 ⏺ CD1-55 ~ ⏺ CD1-57

STEP 1 英文のモデル発音を2回ずつ聞いて、空所を埋めましょう。
STEP 2 日本人によるNG発音を1回ずつ聞きましょう。
STEP 3 再度、STEP 1 のモデル発音が2回ずつ流れます。空所の最終確認をしましょう。

1. It's time to (   ) (   ) (   ) (   ).

2. The city was (   ) (   ) by the (   ).

3. The (   ) (   ) ran (   ) (   ) in ten minutes.

4. There are four (   ) inside the (   ) (   ).

5. Just click here to (   ) (   ) (   ) (   ).

カタカナ語がある英単語はアクセント位置に特に注意！

　Unit 3では、英語の「音の強弱」の発音の仕方を学びました。英語で強く発音する音節は「強く・高く・長く・はっきりと」の4点セット、弱く発音する音節は「弱く・低く・短く・あいまいに」の4点セットで発音するのでしたね。通じる英語発音に近づくためには、このような強弱アクセントの発音の仕方をしっかり体得していることが重要です。2音節以上の英単語の場合には、各音節の強弱の発音の仕方に加えて、「どの音節を強く発音し、どの音節を弱く発音するのか」という「強弱の位置」を間違わずに発音できることがとても重要になります。

　例えば、「ハワイ」と「ワシントン」は英語では次のように発音します。

Hawaii ➡ Ha・**wai**・i 　（タ・**ター**・タ）　。●。

Washington ➡ **Wash**・ing・ton 　（**ター**・タ・タ）　●。。

　日本語のカタカナ語のアクセントは、英語のアクセントと同じになっていません。日本語では「ハワイ」、「ワシントン」のような高低のアクセントとなりますが、日本語のアクセント位置につられて、**Ha**・wai・i　（●。。）と発音したり、Wash・**ing**・ton　（。●。）と発音しないように注意しましょう。

　「オーストラリア」、「エジプト」、「カレンダー」や「ミュージアム」など、カタカナ語のアクセントと対応する英単語のアクセントの位置が異なる場合が少なくありません。英単語を発音する際に、カタカナ語のアクセント位置につられて、間違った位置の音節にアクセントを置かないように特に気を付けましょう。思い込みを捨てて注意深く英語の音声を聞き、新しい英単語を学ぶ際には「いくつの音節から成る単語で、何番目の音節を一番強く読むか」を、辞書見出しと、発音記号のどこにアクセントのマーク /ˊ/ が付いているかで必ず確認する習慣を付けていきましょう。

Australia ➡ Aus・**tral**・ia 　（タ・**ター**・タ）　。●。

Egypt ➡ **E**・gypt 　（**ター**・タ）　●。

calendar ➡ **cal**・en・dar 　（**ター**・タ・タ）　●。。

museum ➡ mu・**se**・um 　（タ・**ター**・タ）　。●。

Pronunciation Training

 DL 058 ● CD1-58

1. アクセントの位置に注意しながら単語のモデル音声を聞いて、正しい発音でリピート練習をしましょう。

●。	。●	●。。	。●。	。●。。
E·gypt	po·lice	cal·en·dar	Ha·wai·i	A·mer·i·ca
dam·age	gui·tar	bad·min·ton	Aus·tral·ia	kil·o·me·ter
ro·bot	e·vent	sci·en·tist	mu·se·um	de·moc·ra·cy
or·ange	sham·poo	choc·o·late	mu·si·cian	pho·tog·ra·pher

2.「強音節（●）で終わる単語は強音節で始まる単語と」、「弱音節（。）で終わる単語は弱音節で始まる単語と」隣り合わせになるように単語をつなげていく、「強弱しりとり」をしましょう。

① **1**の表を見ながら、ペアで「強弱しりとり」の練習をしましょう。

② 下の「カタカナ語リスト」から1つ選んだカタカナ語を英語に直して、ペアで「強弱しりとり」をしましょう。その際、**1**の表は隠して見ないようにしてやってみましょう。

    例 Aさん：（「ロボット」をスタートに選んで）RObot → **Bさん：**HaWAIi → **Aさん：**shamPOO
    → **Bさん：**Egypt → **Aさん**（続く）…

③ ペアでの練習が終わったら、クラスの人の前で発表しましょう。

カタカナ語リスト

アメリカ、イベント、エジプト、オーストラリア、オレンジ、カレンダー、キロメートル、ギター、サイエンティスト、シャンプー、ダメージ、チョコレート、デモクラシー、ハワイ、バドミントン、フォトグラファー、ポリス、ミュージアム、ミュージシャン、ロボット

Partial Dictation Drill

DL 059 ● CD1-59

英文のモデル発音を2回ずつ聞いて、空所を埋めましょう。

1. Why don't you book a (   ) on this (   ) (   )?

2. Is there a (   ) (   ) to (   ) from (   )?

3. My cousin (   ) from the (   ) of
    (   ).

4. He works in (   ) as a (   ).

5. The reporter said (   ) is the third largest (   ) in
    (   ).

online video

明るい L と暗い L

単語の色のついた部分の音に注意しながら、次の日本語と英語の音声を交互に聞いてみましょう。

1. ライオン　　lion
2. フラワー　　flower
3. ファイナル　final
4. ミルク　　　milk

　英語のL音の基本的な発音の仕方は、舌先を上の歯ぐきにしっかりと押し当てて、肺からの空気が舌の脇から出るようにして発音します。実は英語のL音には2種類あって、1や2のようにL音の直後に母音が続く場合には、明るい響きのある「明るいL」となります。一方、単語がL音で終わる3や、L音の直後に別の子音が続く4のように、L音の直後に母音が来ないときは、音色が「ウ」や「オ」に近い「暗いL」となります。「暗いL」を発音する際は、舌先を歯ぐきに無理に接触させる必要はなく、舌先を歯ぐきに近づけて「ウ」や「オ」に近い音を出しましょう。

「明るいL」で始まる英単語は舌先を歯ぐきにしっかりと押し当てるので、押し当てたままおおげさにL音を伸ばして発音することができるはずです。lionをlllllllionのように発音しましょう。「明るいL」で始まる他の英単語(lookやloveなど)でもやってみましょう。

Pronounce Words with the Sounds

単語を発音した後、センテンスで発音しましょう。また、正しい発音ができているかどうか、ペアでお互いに確認しましょう。

limited, twelve → It's limited to the first twelve customers.

 Listening Drill: Question-Response　　　　DL 060　CD1-60

1. 質問または発言を聞いて、応答として最も適切なものを (A) 〜 (C) から1つ選びましょう。

　① (A)　　(B)　　(C)
　② (A)　　(B)　　(C)
　③ (A)　　(B)　　(C)

2. 答え合わせの後、もう一度会話を聞き、ペアで会話の役割練習をしましょう。

1. 英語のストーリーを聞いて、空所を埋めましょう。　　DL 061　CD1-61

Aromatic Asphalt

Anyone who has been near a newly-built road knows how strong and unpleasant the ① _____ can be. Now two Polish companies have developed asphalt that smells like flowers. The companies hope the new product will improve working conditions for those involved in

5　road construction.

The new asphalt ② _____ that neutralize the bad smell associated with conventional asphalt. The pleasant floral scent comes from a mixture of natural and synthetic ③ _____ _____. Tests have proven that the new product meets Polish road

10　standards and is also better for the environment. It is expected that the asphalt will be on the market in the near future.

A spokesperson for the project said the two companies created the product because they cared about the environment and the working conditions ④ _____. This is in compliance with the

15　trend to go green in the ⑤ _____, which is trying to adopt ⑥ _____ products and practices.

Notes　neutralize　～の効力を消す　　synthetic　人造の

2. 空所を埋めたストーリーを読み、次の英文がその内容に合っていれば T、合っていなければ F にマークしましょう。

① Two company workers in Poland were not happy about the smell of asphalt.

[T / F]

② The floral-scented asphalt is expected to be available for purchase in the near future.

[T / F]

③ The construction industry is interested in being environmentally friendly.

[T / F]

Oral Reading Training

1. 音変化に注意しながら、英文の音読練習をしましょう。　🎧 DL 062　💿 CD1-62

> 1 En**joy** the **rest** of your **stay** in Ha**wai**i!
> ○ ● ○ ● ○ ○ ● ○ ○ ●○
>
> 2 **What** **brings** you to Aus**tral**ia?
> ● ● ○ ○ ○ ● ○
>
> 3 **What** do you **want** to **do** in **E**gypt?
> ● ○ ○ ● ○ ● ○ ● ○

2. 音読練習後に英文を録音して、冒頭の*Record Your Performance*(p.32)で録音した自分の音読パフォーマンスと比較して聞いてみましょう。

　本Unitのポイントである各英単語の「アクセントの位置」はしっかりと意識できていますか。

　本来弱いアクセントを持つ音節を強く発音したり、逆に本来強いアクセントを持つ音節を弱く発音すると、相手に通じにくい英語になってしまいます。日本語でカタカナ語になっている英単語は、このアクセント位置にも注意を払いましょう。

達成度を5段階で自己評価しましょう。

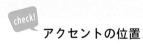

アクセントの位置

できなかった　　ふつう　　うまくできた
1　　2　　3　　4　　5

リズムパターン英単語

④ 国名・地名

　英単語の「リズムパターン」(いくつの音節から成る単語で、何番目の音節を一番強く読むか)に着目して、発音練習をしましょう。リズムパターンが同じ単語は特にそれを意識して、同じリズムで発音してください。

　対応するカタカナ語を持つ英単語で、「日英ギャップ」(カタカナ語のモーラ数から英単語の音節数を差し引いた数値)が大きいものは特に要注意です。正しい音節の数を意識して発音しましょう。

	単語	分綴	音節数	RP1	RP2	カタカナ語	モーラ数	日英ギャップ
1	Egypt	E·gypt	2	2 1	●。	エジプト	4	2
2	Brazil	Bra·zil	2	2 2	。●	ブラジル	4	2
3	Peru	Pe·ru	2	2 2	。●	ペルー	3	1
4	Africa	Af·ri·ca	3	3 1	●。。	アフリカ	4	1
5	Washington	Wash·ing·ton	3	3 1	●。。	ワシントン	5	2
6	Alaska	A·las·ka	3	3 2	。●。	アラスカ	4	1
7	Australia	Aus·tral·ia	3	3 2	。●。	オーストラリア	7	4
8	Hawaii	Ha·wai·i	3	3 2	。●。	ハワイ	3	0
9	Korea	Ko·re·a	3	3 2	。●。	コリア	3	0
10	Vietnam	Vi·et·nam	3	3 3	○。●	ベトナム	4	1
11	Cambodia	Cam·bo·di·a	4	4 2	。●。。	カンボジア	5	1
12	Mongolia	Mon·go·li·a	4	4 2	。●。。	モンゴル	4	0
13	Argentina	Ar·gen·ti·na	4	4 3	○。●。	アルゼンチン	6	2
14	Honolulu	Hon·o·lu·lu	4	4 3	○。●。	ホノルル	4	0
15	Indonesia	In·do·ne·sia	4	4 3	○。●。	インドネシア	6	2
16	Mediterranean	Med·i·ter·ra·ne·an	6	6 4	○。。●。。			

UNIT 5

I'm an assistant manager.

英単語リズムパターン

 Record Your Performance

発音に注意しながら、英文を音読しましょう。音読した英文は録音し、記録として保存しましょう。この録音は *Oral Reading Training* (p.44)で使用します。

1 **I'm an assistant manager.**
私はアシスタント・マネージャーです。

2 **Everyone makes mistakes.**
誰にだって間違いはあります。

3 **What made you decide to become a professional photographer?**
なぜプロの写真家になろうと決めたのですか。

 Feel the Difference

👍🎧 DL 064, 066, 068 ◉ CD1-64, 66, 68　👎🎧 DL 065, 067, 069 ◉ CD1-65, 67, 69

上の英文のモデル発音(👍)と日本人によるNG発音(👎)を聞き比べましょう。どこに違いがあるかを意識しながら何度も聞き、気が付いたところにマークやメモを書きましょう。

1. I'm an assistant manager.

2. Everyone makes mistakes.

3. What made you decide to become a professional photographer?

✏️ *Dictate Each Sentence*　🎧 DL 070 ~ 072 ◉ CD1-70 ~ ◉ CD1-72

STEP 1 英文のモデル発音を2回ずつ聞いて、空所を埋めましょう。
STEP 2 日本人によるNG発音を1回ずつ聞きましょう。
STEP 3 再度、STEP 1 のモデル発音が2回ずつ流れます。空所の最終確認をしましょう。

1. I wanted (　　　) (　　　) (　　　) (　　　　　　　　　) when I was a kid.

2. Mr. Johnson is (　　　　　　　) the (　　　　　) (　　　　　　　).

3. Our children were (　　　　　　　) by those (　　　　　　　　　).

4. We need several (　　　　　　　　) (　　　　　　　　　).

5. Amy is the best (　　　　　　　　) (　　　　　　　　　) we've ever worked with.

英単語のリズムパターンを体に染み込ませよう!

　ここまで英単語の「音節の数」や「音節の強弱の発音の仕方」、「強音節の位置」について学んできました。本テキストでは、ある英単語が「いくつの音節から成っていて、どの音節を一番強く発音するか」を、その英単語のリズムパターンと呼ぶこととします。「強く・高く・長く・はっきりと」発音する強音節を●、「弱く・低く・短く・あいまいに」発音する弱音節を 。で表します。次の例を見てみましょう。

1. manager　　　man・ag・er　　　●。。　（ター・タ・タ）

2. photographer　pho・tog・ra・pher　。●。。　（タ・ター・タ・タ）

3. engineer　　　en・gi・neer　　　○。●　（タ・タ・ター）

　3音節以上の英単語の中には、最も強い「第1アクセント」以外に、第1アクセントに準じる強さの「第2アクセント」を持つものもあります。英単語リズムパターンでは、第2アクセントを持つ音節は大きな白丸（○）で表記します。

　通じる英語発音を目指すためには強弱のメリハリをしっかりつけることが重要ですから、実際の発音、特に発音練習をする際には、●の音節はできるだけ大げさ気味に「強く・高く・長く・はっきりと」、その反対に 。の音節は力むことなく「弱く・低く・短く・あいまいに」発音して強弱のコントラストをはっきりとさせます。○の音節はふだん話しているときのような普通の強さで発音するようにするとちょうどよいでしょう。

　各英単語の正しいリズムパターンを定着させるためには、強音節の「強く・高く・長く・はっきりと」した特徴、弱音節の「弱く・低く・短く・あいまいに」という特徴を実際に身体の動きとして表してみるとよいでしょう。動画ではこの「発音体操」の例をいくつかお示しします。一緒に身体を動かしながら発音してみてください。自分のオリジナルの発音体操の動きを考案してみるのもお勧めです。

Pronunciation Training

1. 体を動かしながら発音することでリズムパターンを体に染み込ませる、「発音体操」をしましょう。強音節（●）は、両腕を弧を描くように高く上げ、両手のひらを合わせます。この際、「強く・高く・長く・はっきりと」をイメージし、体を大げさに動かします。弱音節（。）は、胸の前で「パン」と両手で軽く叩きます。「弱く・低く・短く・あいまいに」をイメージした小さな動きです。第2強勢を持つ音節（○）は、両腕を90度に曲げて肩幅の開き具合で止めます。両手は「グー」の形にします。manager（●。。）や engineer（○。●）の場合は、「気をつけ」の姿勢から、次のように動きます。

man- ●　-ag- 。　-er 。　　en- ○　-gi- 。　-neer ●

2. モデル音声を聞き、発音体操をしながら、発音の練習をしましょう。

🎧 DL 073　💿 CD1-73

●。	●○	●。○	。●。	●。○。
yo·gurt	home·work	In·ter·net	pi·an·o	su·per·mar·ket
piz·za	rain·coat	u·ni·form	va·ca·tion	mo·tor·cy·cle
moun·tain	mid·night	Sin·ga·pore	Ko·re·an	or·di·nar·y
hu·mid	birth·day	cel·e·brate	em·bar·rassed	wa·ter·mel·on

Partial Dictation Drill

🎧 DL 074　💿 CD1-74

英文のモデル発音を2回ずつ聞いて、空所を埋めましょう。

1. The (　　　　　) was (　　　　　　　　) and showed them (　　　　　　)
   (　　　　　　).

2. The (　　　　　　　　) (　　　　　　) to do more (　　　　　　).

3. (　　　　　　　　) still (　　　　　　) the major (　　　　　　).

4. We (　　　) (　　　　　　　　　) because the (　　　　　　) were
   not funny at all.

5. Emma has been a (　　　　　　　) (　　　　　　　) since 2020.

Focus on Sounds

R音

単語の色のついた部分の音に注意しながら、次の日本語と英語の音声を交互に聞いてみましょう。

1. ラビット　　rabbit
2. ライス　　　rice
3. ロボット　　robot
4. オレンジ　　orange

　英語のR音は、唇を丸めて少し前に突き出し、舌先をそらせて、口の中で浮いた状態にして声を出すと出るこもったような音です。R音の発音の際には、歯茎に舌先が触れることのないように特に気をつけましょう。これに対して、日本語の「ラ行音」では、舌先が前歯の歯茎の後ろ辺りをポンと勢いよく弾くように叩いて音を出します。

> ペアを組み、一人が「ラララララ…」と日本語の「ラ」の音を連続して出し続けます。相手の人がどこかのタイミングで1回手を叩くので、瞬時に日本語の「ラ」の子音を英語のR音に替えて、「r あ r あ r あr あ r あ…」と連続した音を出しましょう。相手の人がまた手を叩いたら、日本語の「ラ」に戻して発音しましょう。

Pronounce Words with the Sounds

単語を発音した後、センテンスで発音しましょう。また、正しい発音ができているかどうか、ペアでお互いに確認しましょう。

remember, run, rain → Remember not to run in the rain.

Listening Drill: Question-Response

🎧 DL 075　💿 CD1-75

1. 質問または発言を聞いて、応答として最も適切なものを (A) ～ (C) から1つ選びましょう。

① (A)　(B)　(C)
② (A)　(B)　(C)
③ (A)　(B)　(C)

2. 答え合わせの後、もう一度会話を聞き、ペアで会話の役割練習をしましょう。

1. 英語のストーリーを聞いて、空所を埋めましょう。　　　🎧 DL 076　◉ CD1-76

The Oldest Astronaut

　　　At 82, Wally Funk has become the oldest person to go to space. She was chosen by Jeff Bezos of Amazon fame to ① _____ developed by Blue Origin, an aerospace and spaceflight company owned by Bezos.

5　　　Funk has been ② _____ all her life. She took her first flight lesson when she was nine, and ③ _____ the pioneering Women in Space program in 1961. Her dream of going to space ended suddenly when the program was canceled. That didn't stop her from becoming an ④ _____ and a flight instructor, which was extremely rare for women of Funk's

10 generation. And now she has fulfilled her life-long dream of going to space.

　　　Traveling at almost three times the speed of sound, the Blue Origin rocket took ⑤ _____, including Funk, 100 kilometers above the Earth. After a trip lasting about 10 minutes, the rocket

15 returned to the Earth. Funk was overjoyed to have made the trip and descended in the rocket to find champagne and a ⑥ _____ waiting for her.

Notes　fame　有名　　pioneering　先駆的な　　descend in …　〜で降りる

2. 空所を埋めたストーリーを読み、次の英文がその内容に合っていれば T、合っていなければ F にマークしましょう。

① Wally Funk became the oldest president of Blue Origin.　　　[T / F]

② The cancellation of the Women in Space program made Funk give up her dream to become a flight instructor.　　　[T / F]

③ The Blue Origin rocket came back to the Earth with Funk and the other four passengers.　　　[T / F]

Oral Reading Training

1. 音変化に注意しながら、英文の音読練習をしましょう。

 DL 077　CD1-77

> **1** I'm‿an‿as**sis**tant **man**ager.
> ○　○　○　●　○　　●　○○
>
> **2** **Eve**ryone **makes** mis**takes**.
> ●　　○○　　●　　○●
>
> **3** **What** **made** you de**ci**de to be**come** a pro**fes**sional pho**tog**rapher?
> ●　●　○　○　●　○　　●　○○　　○　●　○○　○　●　○○

2. 音読練習後に英文を録音して、冒頭の*Record Your Performance*（p.39）で録音した自分の音読パフォーマンスと比較して聞いてみましょう。

本Unitのポイントである「リズムパターン」はしっかりと意識できていますか。
　英単語のリズムパターンの定着のために有効な活動が「発音体操」です。発音体操は、強音節の「強く・高く・長く・はっきりと」した動き、弱音節の「弱く・低く・短く・あいまい」な動きを意識すれば、どんな英単語でもさまざまな体の動きで表すことができるはずです。いろいろな楽しい動きを考案して、クラスメートとシェアし、みんなで体を動かしながら、通じる発音を体に染み込ませていきましょう。

達成度を5段階で自己評価しましょう。

 英単語リズムパターン

できなかった　　　　　ふつう　　　　　うまくできた
1　　　2　　　3　　　4　　　5

リズムパターン英単語

⑤ 職業

　英単語の「リズムパターン」(いくつの音節から成る単語で、何番目の音節を一番強く読むか)に着目して、発音練習をしましょう。リズムパターンが同じ単語は特にそれを意識して、同じリズムで発音してください。

　対応するカタカナ語を持つ英単語で、「日英ギャップ」(カタカナ語のモーラ数から英単語の音節数を差し引いた数値)が大きいものは特に要注意です。正しい音節の数を意識して発音しましょう。

	単語	分綴	音節数	RP1	RP2	カタカナ語	モーラ数	日英ギャップ
1	florist	flor·ist	2	2 1	●。			
2	architect	ar·chi·tect	3	3 1	●。○			
3	astronaut	as·tro·naut	3	3 1	●。○			
4	journalist	jour·nal·ist	3	3 1	●。。	ジャーナリスト	6	3
5	manager	man·ag·er	3	3 1	●。。	マネージャー	5	2
6	programmer	pro·gram·mer	3	3 1	●。。	プログラマー	6	3
7	scientist	sci·en·tist	3	3 1	●。。	サイエンティスト	7	4
8	firefighter	fire·fight·er	3	3 1	●○。			
9	announcer	an·nounc·er	3	3 2	。●。	アナウンサー	6	3
10	musician	mu·si·cian	3	3 2	。●。	ミュージシャン	5	2
11	engineer	en·gi·neer	3	3 3	○。●	エンジニア	5	2
12	interviewer	in·ter·view·er	4	4 1	●。○。	インタビュアー	6	2
13	operator	op·er·a·tor	4	4 1	●。○。	オペレーター	6	2
14	comedian	co·me·di·an	4	4 2	。●。。	コメディアン	5	1
15	interpreter	in·ter·pret·er	4	4 2	。●。。			
16	photographer	pho·tog·ra·pher	4	4 2	。●。。	フォトグラファー	6	2

We're looking for a drugstore.

UNIT 6

子音結合 1（語頭に 2 つの子音）

 Record Your Performance

発音に注意しながら、英文を音読しましょう。音読した英文は録音し、記録として保存しましょう。この録音は *Oral Reading Training* (p.51) で使用します。

1 We're looking for a drugstore.
私たちはドラッグストアを探しています。

2 Let's meet in front of the stadium at three.
3 時にスタジアムの前で会いましょう。

3 What's the difference between temples and shrines?
お寺と神社の違いは何ですか。

 Feel the Difference

👍🎧 DL 079, 081, 083 ⦿ CD2-02, 04, 06　👎🎧 DL 080, 082, 084 ⦿ CD2-03, 05, 07

上の英文のモデル発音（👍）と日本人によるNG発音（👎）を聞き比べましょう。どこに違いがあるかを意識しながら何度も聞き、気が付いたところにマークやメモを書きましょう。

1. We're looking for a drugstore.

2. Let's meet in front of the stadium at three.

3. What's the difference between temples and shrines?

🖊 *Dictate Each Sentence*　🎧 DL 085 ~ 087 ⦿ CD2-08 ~ ⦿ CD2-10

STEP 1 英文のモデル発音を 2 回ずつ聞いて、空所を埋めましょう。
STEP 2 日本人による NG 発音を 1 回ずつ聞きましょう。
STEP 3 再度、**STEP 1** のモデル発音が 2 回ずつ流れます。空所の最終確認をしましょう。

1. There are more than five (　　　　　) (　　　　　　　) around here.

2. I'm going to work part-time (　　　　) (　　　　　).

3. I (　　　　　) a more (　　　　　　　　　) (　　　　).

4. Who is the most (　　　　　) (　　　　　　　) of (　　　　　　) in this class?

5. The (　　　　　　　) rock band (　　　　　　　　　) (　　　　　　) popular in Japan.

子音結合部分に母音を入れないように要注意!

　英語には dress, train, play の語頭 dr, tr, pl のように子音が連続して並ぶ「子音結合」を持つ単語がたくさんあります。Unit 1 で、日本人は「book → book う」のように、英語を発音する際に余分な母音を挿入する癖があることを指摘しましたが、子音結合を持つ英単語を発音する際にも、次のように、子音と子音の間に「お」や「う」の余分な母音を入れないよう注意が必要です。

dress	➡	d お re ss う
train	➡	t お rain
play	➡	p う lay

　語頭の子音結合には street や spring のように子音が 3 つも重なる場合がありますが、この Unit では子音が 2 つ重なる子音結合を語頭に持つ英単語を中心に学習していきます。

　子音結合を発音する際は、余分な母音を入れずに、1 つの音のように一気に発音するようにしましょう。余分な母音を入れてしまうと、本来の英単語よりも音節数が多くなってしまうため、相手にとって通じにくい発音になります。次の日本語のカタカナ語と英語の「音のカタマリ」の数を比べてみましょう。

	日本語		英語	
グラス	●●●		glass	●
ドリーム	●●●●		dream	●
フランス	●●●●		France	●
スマイル	●●●●		smile	●
クリニック	●●●●●		clinic	●。

　なお、train や tree の子音結合 tr は /tʃ/(チュ)、dream や drink の子音結合 dr は /dʒ/(ジュ)のように発音されることもあります。

1. 子音結合に余分な母音を入れないことを強く意識しながら、発音練習をしましょう。子音結合部分を除いた音から始めて、それに子音を足して発音していきます。

🎧 DL 088 ⊙CD2-11

①【clean】	ean	→	lean	→	clean
②【drink】	ink	→	rink	→	drink
③【graph】	aph	→	raph	→	graph
④【Christmas】	istmas	→	ristmas	→	Christmas
⑤【president】	esident	→	resident	→	president
⑥【stadium】	adium	→	tadium	→	stadium

2. Unit 2 で行った「指立て発音」をしましょう。単語がジャンルごとに「1音節→2音節→3音節」の順に並べられているので、音節数に合わせて、指を1本、2本、3本と順に立てながら、発音しましょう。

🎧 DL 089 ⊙CD2-12

		☝		✌		🤟
①	自然	sky	⇒	plan·et	⇒	trop·i·cal
②	身体	breath	⇒	sleep·y	⇒	stom·ach·ache
③	果物·野菜	fruit	⇒	spin·ach	⇒	blue·ber·ry
④	国名·地名	Spain	⇒	Bra·zil	⇒	Flor·i·da
⑤	感情	pleased	⇒	gloom·y	⇒	frus·trat·ed

🎧 DL 090 ⊙CD2-13

英文のモデル発音を2回ずつ聞いて、空所を埋めましょう。

1. One of the (   ) (   ) was taken to the (   ).

2. The (   ) insists that all the (   ) (   ) (   ).

3. (   ) (   ) (   ) (   ) here.

4. Our university offers the best (   ) (   ) (   ).

5. These (   ) show that the number of (   ) (   ) is increasing.

48

 online video

母音 /æ/ と /ʌ/ と /ɑ/

単語の色のついた部分の音に注意しながら、それぞれの単語の音声を聞いてみましょう。

1. lack 「欠乏」　　luck 「運」　　　lock 「鍵」
2. cat 「猫」　　　cut 「切る」
3. map 「地図」　　mop 「モップ」

/æ/	lack, cat, mapのaの発音は /æ/ です。口を横に広げて、「エ」を言うつもりで「ア」と言うと出る「エァ」のような音を長めに出します。
/ʌ/	luck, cutのuの音は /ʌ/ です。日本語の「ア」ほど口を大きく開け過ぎず、何かに驚いたように、喉の奥で短めに「アッ！」と発音します。
/ɑ/	lock, mopのoの音は /ɑ/ です。日本語の「ア」よりも口を大きく縦に開けて、喉の奥から「アー」と長めに発音します。イギリス英語では日本語の「オ」に近い /ɔ/ の音になります。/ɔ/ の音を出すときは唇を丸く突き出すようにします。

　日本人には、この３つの音が日本語の「ア」に聞こえることが多く、これらの音を発音する際にも日本語の「ア」で代用する傾向があります。それぞれの音を出すときの口の構えの違いを意識し、聞き分け・言い分けができるまで練習しましょう。

Pronounce Words with the Sounds

単語を発音した後、センテンスで発音しましょう。また、正しい発音ができているかどうか、ペアでお互いに確認しましょう。

want, watch, funny, African, comedy → I want to watch a funny African comedy.

 Listening Drill: Question-Response　　　　🎧 DL 091　◎ CD2-14

1. 質問または発言を聞いて、応答として最も適切なものを (A) ～ (C) から１つ選びましょう。

①(A)　　(B)　　(C)
②(A)　　(B)　　(C)
③(A)　　(B)　　(C)

2. 答え合わせの後、もう一度会話を聞き、ペアで会話の役割練習をしましょう。

1. 英語のストーリーを聞いて、空所を埋めましょう。　　　　　🎧 DL 092　💿 CD2-15

From a Small Pin to a House

　　　A TikToker started off with one tiny item and ended up with her
① ＿＿＿＿＿＿＿＿＿＿＿＿＿＿.

　　　It all began with Demi Skipper's "Trade Me Project" account on
TikTok, which eventually got five million followers. Skipper's goal was to
5　② ＿＿＿＿＿＿＿＿＿＿＿＿＿＿＿＿＿＿＿ until she got a house. To start the
project, Skipper put one bobby pin on Craigslist for trading. From there,
the bobby pin ③ ＿＿＿＿＿＿＿＿＿＿＿＿＿＿＿ items such as a diamond
necklace, a car, tractors, a restaurant gift card, and a $40,000 trailer. Then
a man following Skipper's account offered her a house for the trailer.

10　　　A year and a half after she started with one tiny hair accessory,
Skipper had the keys to her dream house. Although many people doubted
that she could ④ ＿＿＿＿＿＿＿＿＿＿＿＿＿＿＿, Skipper was glad she didn't
give up.

　　　Skipper doesn't ⑤ ＿＿＿＿＿＿＿＿＿＿＿ here, though. She wants to
15　start the ⑥ ＿＿＿＿＿＿＿＿＿＿＿＿＿＿＿ all over again so she can donate
the next house she gets to someone in need.

> Notes　bobby pin　ボビーピン（ヘアピンの一種）
> Craigslist　クレイグズリスト（地域のさまざまな情報を掲載できるウェブサイトの名称）

2. 空所を埋めたストーリーを読み、次の英文がその内容に合っていれば T、合っていなければ F にマークしましょう。

① Skipper succeeded in getting her house by trading items.　　　[T / F]

② The man who gave a house to Skipper got a diamond necklace.　　[T / F]

③ Skipper wants to work at a trading company for those who live in poverty.

[T / F]

1. 音変化に注意しながら、英文の音読練習をしましょう。　　🎧 DL 093　💿 CD2-16

1　We're **look**ing for a **drug**store.

　　○　●　○　○　○　●　○

2　**Let's meet** in **front** of the **sta**dium at **three**.

　●　　●　○　●　　○　○　●　○○　○　●

3　**What's** the **diff**erence betw**een tem**ples and **shrines**?

　●　○　●　○○　○　○　●　○　○　●

---

2. 音読練習後に英文を録音して、冒頭の*Record Your Performance*（p.46）で録音した自分の音読パフォーマンスと比較して聞いてみましょう。

　　本Unitのポイントである「２つの子音が連なる子音結合」はしっかりと意識できていますか。

　　子音結合に余分な母音を入れてしまうと、その数だけ音節が増えることになり、本来の英文のリズムが変わってしまいます。相手にとって通じる英語でやり取りするためにも、母音挿入の悪い癖から抜け出せるよう、正しい英文モデルを真似て何度も発音練習しましょう。

....

達成度を５段階で自己評価しましょう。

　　子音結合１（語頭に２つの子音）

```
できなかった        ふつう         うまくできた
     1      2      3      4      5
```

リズムパターン英単語

⑥ 建物・施設

　英単語の「リズムパターン」(いくつの音節から成る単語で、何番目の音節を一番強く読むか)に着目して、発音練習をしましょう。リズムパターンが同じ単語は特にそれを意識して、同じリズムで発音してください。

　対応するカタカナ語を持つ英単語で、「日英ギャップ」(カタカナ語のモーラ数から英単語の音節数を差し引いた数値)が大きいものは特に要注意です。正しい音節の数を意識して発音しましょう。

	単語	分綴	音節数	RP1	RP2	カタカナ語	モーラ数	日英ギャップ
1	shrine	shrine	1	1 1	●			
2	clinic	clin·ic	2	2 1	●。	クリニック	5	3
3	station	sta·tion	2	2 1	●。	ステーション	5	3
4	temple	tem·ple	2	2 1	●。			
5	drugstore	drug·store	2	2 1	●○	ドラッグストア	7	5
6	hotel	ho·tel	2	2 2	。●	ホテル	3	1
7	hospital	hos·pi·tal	3	3 1	●。。	ホスピタル	5	2
8	stadium	sta·di·um	3	3 1	●。。	スタジアム	5	2
9	theater	the·a·ter	3	3 1	●。。	シアター	4	1
10	library	li·brar·y	3	3 1	●○。	ライブラリー	6	3
11	apartment	a·part·ment	3	3 2	。●。	アパートメント	7	4
12	museum	mu·se·um	3	3 2	。●。	ミュージアム	5	2
13	supermarket	su·per·mar·ket	4	4 1	●。○。	スーパーマーケット	9	5
14	aquarium	a·quar·i·um	4	4 2	。●。。			
15	cafeteria	caf·e·te·ri·a	5	5 3	○。●。。	カフェテリア	5	0
16	condominium	con·do·min·i·um	5	5 3	○。●。。	コンドミニアム	7	2

UNIT 7

Go straight down this street.

子音結合 2（語頭に 3 つの子音）

 Record Your Performance

発音に注意しながら、英文を音読しましょう。音読した英文は録音し、記録として保存しましょう。この録音は *Oral Reading Training* (p.58)で使用します。

1 **Go straight down this street.**
この道をまっすぐ行ってください。

2 **Protect yourself against strong pressure.**
大きなプレッシャーから自分自身を守りなさい。

3 **The movement quickly spread around Spain.**
その運動はスペイン中に素早く広がりました。

 Feel the Difference

👍🎧 DL 095, 097, 099 ⬤ CD2-18, 20, 22 👎🎧 DL 096, 098, 100 ⬤ CD2-19, 21, 23

上の英文のモデル発音（👍）と日本人によるNG発音（👎）を聞き比べましょう。どこに違いがあるかを意識しながら何度も聞き、気が付いたところにマークやメモを書きましょう。

1. Go straight down this street.

2. Protect yourself against strong pressure.

3. The movement quickly spread around Spain.

✏️ *Dictate Each Sentence* 🎧 DL 101 ~ 103 ⬤ CD2-24 ~ ⬤ CD2-26

STEP 1 英文のモデル発音を 2 回ずつ聞いて、空所を埋めましょう。
STEP 2 日本人による NG 発音を 1 回ずつ聞きましょう。
STEP 3 再度、STEP 1 のモデル発音が 2 回ずつ流れます。空所の最終確認をしましょう。

1. I'm afraid the (　　　　　　　) taste is (　　　) (　　　) (　　　　　　).

2. This theater has (　　　　　) (　　　　　　　) showing the newest (　　　　　).

3. I always (　　　　　) my (　　　　) (　　　　　　　) before going to bed.

4. It is the (　　　　　) (　　　　　) (　　　) (　　　　　　) in the world.

5. I took a (　　　　　) (　　　　　) to capture the moment.

online video

3つの子音が連なる場合も余分な母音挿入に注意！

　Unit 6では、dress, train, playのように、語頭に2つの子音が連続する「子音結合」を持つ単語を紹介しましたが、3つの子音が連なる子音結合を持つ単語もたくさんあります。日本人はどうしても子音の直後に余分な母音を挿入する癖がありますので、3つの子音が連なる子音結合を持つ単語の場合も、子音と子音の間に余分な母音を入れないよう細心の注意を払いましょう。

street	➡	sう tお ree tお
spring	➡	sう pう rin gう
scream	➡	sう cう rea mう

　余分な母音を入れてしまうと、本来の英単語よりも音節数が多くなってしまうため、相手にとって通じにくい発音になります。次の日本語のカタカナ語と英語の「音のカタマリ」の数を比べてみましょう。

	日本語		英語	
ストログ	●●●●●	strong	●	
スクリーン	●●●●●	screen	●	
スプリンクラー	●●●●●●	sprinkler	●。	

　語頭の子音結合は最大で3つの子音が連なり、この場合、1つ目の子音は必ず /s/ で始まり、2つ目が /p/, /t/, /k/ のどれか、そして、3つ目には /r/, /l/, /w/ または /j/ が来ます。

　ここまで子音結合が語頭に現れる単語を中心に発音練習をしてきましたが、子音結合は語中（Africa, astronaut, basketballなど）や語末（artist, box, twelfthなど）にも現れます。発音のポイントは語頭の場合と全く同じです。余分な母音を挿入し、音節の数を不要に増やさないことがとても重要です。なお、語末にくる子音結合は最大で4つの子音が連なります（sixths, texts, glimpsedなど）。

1. 子音結合に余分な母音を入れないことを強く意識しながら、発音練習をしましょう。子音結合部分を除いた音から始めて、それに子音を足して発音していきます。

🎧 DL104　💿 CD2-27

① 【straight】　**aight** → **r**aight → **tr**aight → **str**aight
② 【strong】　ong → **r**ong → **tr**ong → **str**ong
③ 【spread】　ead → **r**ead → **pr**ead → **spr**ead
④ 【sprout】　out → **r**out → **pr**out → **spr**out
⑤ 【splash】　ash → **l**ash → **pl**ash → **spl**ash
⑥ 【scratch】　atch → **r**atch → **cr**atch → **scr**atch

2. Unit 2 でも行いましたが、3音節の単語は三角形、4音節の単語は菱形、5音節の単語は五角形を指で描きながら、動きに合わせて発音しましょう。単語の色の付いた部分の子音結合の発音に特に注意を向け、母音挿入しないようにしましょう。　🎧 DL 105　💿 CD2-28

① ▲ ③ ②	**str**aw·ber·ry　　**str**at·e·gy　　**str**aight·for·ward
① ◆ ④ ② ③	as·**tr**on·o·mer　　in·dus·**tri**·al　　in·**stru**·men·tal
① ⬠ ⑤ ② ④ ③	e·lec·**tric**·i·ty　　con·**gr**at·u·la·tion　　ex·**tr**aor·di·nar·y

🎧 DL 106　💿 CD2-29

英文のモデル発音を2回ずつ聞いて、空所を埋めましょう。

1. I cannot (　　　　　　) this (　　　　　　　　) headache.

2. Jane (　　　　　　) (　　　) (　　　　　　) last (　　　　　　).

3. My son became mentally (　　　　　　) after that (　　　　　　)
(　　　　　　　　).

4. Our kids don't feel (　　　　　　　) because they've got used to (　　　　　　)
(　　　　　).

5. At least (　　　　) (　　　　　) (　　　　　　　　　) their satisfaction with our
service last year.

母音 /ɪ/ と /iː/, /ʊ/ と /uː/

　日本語の「イ」のように聞こえる英語の母音 /ɪ/ と /iː/、日本語の「ウ」のように聞こえる英語の母音 /ʊ/ と /uː/ ですが、意識しながら聞いてみると、それぞれの音の違いが分かると思います。

/ɪ/	日本語の「イ」ではなく「エ」を発音するつもりで、口元の緊張をゆるめながら「イッ」と発音します。「イ」と「エ」の中間のような音です。	hit, six, live, kick
/iː/	唇を思い切り横に引っ張りながら、「イーーー」と長めに発音します。	tea, meet, easy, green
/ʊ/	日本語の「ウ」を発音するときよりも、唇を丸め、口元の緊張をゆるめながら短めに「ウッ」と発音します。「ウ」と「オ」の中間のような音です。	good, book, look, wood
/uː/	日本語の「ウ」を発音するときよりも、唇を思い切り突き出して丸め、力強く「ウーーー」とお腹の底から息を出して発音します。	moon, room, true, group

　また、/iː/ は単純に /ɪ/ を長く伸ばした音ではありませんし、/uː/ も単純に /ʊ/ を長く伸ばした音ではありません。単語の色のついた部分の「音質の違い」に注意しながら、それぞれの単語の音声を聞いてみましょう。

1. sit「座る」 seat「座席」　　**2.** knit「編む」 neat「きちんとした」
3. pull「引く」 pool「プール」　　**4.** full「満ちた」 fool「愚か者」

Pronounce Words with the Sounds

単語を発音した後、センテンスで発音しましょう。また、正しい発音ができているかどうか、ペアでお互いに確認しましょう。

　food, Sydney, full, people → The food court in Sydney was full of young people.

 Listening Drill: Question-Response  DL 107　CD2-30

1. 質問または発言を聞いて、応答として最も適切なものを (A) 〜 (C) から1つ選びましょう。

① (A)　　(B)　　(C)
② (A)　　(B)　　(C)
③ (A)　　(B)　　(C)

2. 答え合わせの後、もう一度会話を聞き、ペアで会話の役割練習をしましょう。

1. 英語のストーリーを聞いて、空所を埋めましょう。　　🎧 DL 108　💿 CD2-31

A Man Searching for Himself

What sounds like something from a comedy sketch actually happened in real life! A man in Turkey joined ① _____ looking for none other than himself.

Beyhan Mutlu, 51, was ② _____ by his wife
5　when he failed to return home. Mutlu and a friend had ③ _____ _____ in a forest in a town in northwest Turkey. The friend told Mutlu's wife that Mutlu was drunk, and that they parted in the forest.

After walking away from his friend, Mutlu ④ _____ in a house in the forest. When he woke up the next morning, he noticed there
10　was a search party looking for a missing person. He decided to help out by joining the party. About half an hour later, Mutlu learned the party was looking for him when members ⑤ _____ his name.

Mutlu was shocked and told the search party that he was Beyhan
15　Mutlu. No one believed him until Mutlu's friend ⑥ _____ _____ him.

2. 空所を埋めたストーリーを読み、次の英文がその内容に合っていれば T、合っていなければ F にマークしましょう。

① Mutlu's wife invited many of his friends to his 51st birthday party.　[T / F]

② Mutlu slept in a house in the forest until the next morning.　[T / F]

③ Mutlu joined the party because he wanted to look for his friend.　[T / F]

1. 音変化に注意しながら、英文の音読練習をしましょう。　🎧 DL 109　💿 CD2-32

> ### 1 Go straigh**t** down thi**s** street.
> ● ● ● ○ ●
>
> ### 2 Pro**tect** your**self** ˘against **strong pres**sure.
> ○ ● ○ ○ ○ ○ ● ● ○
>
> ### 3 The **move**ment **quick**ly **spread** ˘around Spain.
> ○ ● ○ ● ○ ● ○ ○ ●

2. 音読練習後に英文を録音して、冒頭の*Record Your Performance*（p.53）で録音した自分の音読パフォーマンスと比較して聞いてみましょう。

　本Unitのポイントである「３つの子音が連なる子音結合」はしっかりと意識できていますか。

　子音結合は英単語の語頭、語中、語末など、さまざまな位置に出てきますので、語頭の子音結合だけに意識を向けていると、語中や語末の子音結合で余分な母音を思わず入れてしまい、結局、英単語全体としてゆがんだ発音になってしまうことが多々あります。気を付けましょう。

達成度を５段階で自己評価しましょう。

子音結合２（語頭に３つの子音）

できなかった　　　ふつう　　　うまくできた
1　　2　　3　　4　　5

リズムパターン英単語

🎧 DL 110　💿 CD2-33

⑦ 動作を伝える
言葉1

英単語の「リズムパターン」(いくつの音節から成る単語で、何番目の音節を一番強く読むか)に着目して、発音練習をしましょう。リズムパターンが同じ単語は特にそれを意識して、同じリズムで発音してください。

対応するカタカナ語を持つ英単語で、「日英ギャップ」(カタカナ語のモーラ数から英単語の音節数を差し引いた数値)が大きいものは特に要注意です。正しい音節の数を意識して発音しましょう。

	単語	分綴	音節数	RP1	RP2	カタカナ語	モーラ数	日英ギャップ
1	blame	blame	1	1 1	●			
2	breathe	breathe	1	1 1	●			
3	crash	crash	1	1 1	●	クラッシュ	4	3
4	float	float	1	1 1	●	フロート	4	3
5	spread	spread	1	1 1	●	スプレッド	5	4
6	stretch	stretch	1	1 1	●	ストレッチ	5	4
7	sweep	sweep	1	1 1	●			
8	throw	throw	1	1 1	●	スロー	3	2
9	trust	trust	1	1 1	●	トラスト	4	3
10	translate	trans·late	2	2 1	●。			
11	create	cre·ate	2	2 2	。●	クリエイト	5	3
12	preserve	pre·serve	2	2 2	。●	プリザーブ	5	3
13	protect	pro·tect	2	2 2	。●	プロテクト	5	3
14	transfer	trans·fer	2	2 2	。●			
15	graduate	grad·u·ate	3	3 1	●。○			
16	prohibit	pro·hib·it	3	3 2	。●。			

UNIT 8

You should always help each other.

音の変化 1（連結）

Record Your Performance

発音に注意しながら、英文を音読しましょう。音読した英文は録音し、記録として保存しましょう。この録音は *Oral Reading Training* (p.65) で使用します。

1 **You should always help each other.**
常にお互い助け合うべきです。

2 **My son took a lot of pictures of us in Italy.**
息子はイタリアで私たちの写真をたくさん撮っていました。

3 **The famous actor will visit us around the end of April.**
その有名な俳優は 4 月下旬ごろに私たちを訪れるでしょう。

Feel the Difference

👍🎧 DI 111, 113, 115　⦿CD2-34, 36, 38　👇🎧 DL 112, 114, 116　⦿CD2-35, 37, 39

上の英文のモデル発音(👍)と日本人による NG 発音(👇)を聞き比べましょう。どこに違いがあるかを意識しながら何度も聞き、気が付いたところにマークやメモを書きましょう。

1. You should always help each other.

2. My son took a lot of pictures of us in Italy.

3. The famous actor will visit us around the end of April.

Dictate Each Sentence

🎧 DL 117 ～ 119　⦿CD2-40 ～ ⦿CD2-42

STEP 1 英文のモデル発音を 2 回ずつ聞いて、空所を埋めましょう。
STEP 2 日本人による NG 発音を 1 回ずつ聞きましょう。
STEP 3 再度、**STEP 1** のモデル発音が 2 回ずつ流れます。空所の最終確認をしましょう。

1. Can you (　　　　) (　　　　) (　　　) (　　　　) (　　　　　　　) Indian culture?

2. What time (　　　　　) (　　　) (　　　　) (　　　) the trash?

3. I want to start (　　　　) (　　　　　　　) (　　　　) (　　　　　　) (　　　　　　　).

4. (　　　　　) (　　　) (　　　　) (　　　) (　　　　　　　) (　　) English education.

5. Don't you (　　　　　) (　　　) (　　　) (　　) (　　　　　) (　　　) time?

Tips to Remember

online video

子ども（子音）と母（母音）は自然にくっつける！

　英語では、2つの語が連続する際、前の語が子音で終わり、次の語が母音で始まる場合に、前の子音と後ろの母音がくっついて1つの音を作るのが普通です。つまり、子ども（子音）とお母さん（母音）は隣り合わせになると自然にくっつくのです。下の例 Say it in English.「それを英語で言ってみてください」では、it の語末の子音 /t/ と in の語頭の母音 /ɪ/ は /tɪ/ のように、in の語末の子音 /n/ と English の語頭の母音 /ɪ/ は /nɪ/ のように、自然にくっつきます。

Say it in English.　➡　Say it in English.
子 母子 母　　　　　　　　セイ イティ ニングリシ

　この現象は「音の連結」や「リエゾン」（フランス語で「連結」という意味）と呼ばれています。日本人にありがちな連結を伴わないぶつ切り発音（🖑）と、連結を伴う自然な発音（👍）を聞き比べてみましょう。

1. 🖑 Time is up!　　　　　　　　➡ 👍 Time is up!

2. 🖑 Let's have a cup of tea.　　　➡ 👍 Let's have a cup of tea.

3. 🖑 His speech is quite interesting.　➡ 👍 His speech is quite interesting.

4. 🖑 Put it on the desk over there.　➡ 👍 Put it on the desk over there.

　音の連結を含む英文をスムーズに発音できるようにするには、英文の後ろのほうにある「子音＋母音」のペアから徐々に前に読み上げていくと、コツがつかみやすくなります。

Time is up!

s up!	ザッ p
子 母	
⬇	
me is up!	ミザッ p
子 母子 母	
⬇	
Time is up!	タイミザッ p
子 母子 母	

Let's have a cup of tea.

p of tea.	ポ v ティー
子 母	
⬇	
ve a cup of tea.	ヴァカポ v ティー
子 母 子 母	
⬇	
Let's have a cup of tea.	Let's ハヴァカポ v ティー
子 母 子 母	

1. ①～⑥の下線部に上の表現を書き写した後、それぞれの文の単語の間の「子音＋母音」を見つけ、音の連結マーク (‿) を記入してくっつけましょう。

2. ①～⑥のモデル音声を聞いて、音の連結を意識しながら発音練習しましょう。うまく発音できないときは、英文の後ろのほうにある「子音＋母音」のペアから、徐々に前に読み上げていくやり方でやってみるとよいでしょう。

例 Bob is writing an email again in the kitchen.

Bob‿is writing‿an‿email‿again‿in the kitchen.

① That red apron really looks good on you.

_____

② An elephant is eating an apple.

_____

③ Will you pick up an egg for me?

_____

④ I wonder why he's always angry with his uncle.

_____

⑤ He looks like an old American actor.

_____

⑥ Mary showed us a picture of the zoo and talked about its animals.

_____

英文のモデル発音を2回ずつ聞いて、空所を埋めましょう。

1. (   ) (   ) (   ) (   ) the proposal.

2. I (   ) (   ) (   ) from Jim (   ) (   ) (   ).

3. It's (   ) (   ) (   ) (   ) from the station.

4. (   ) (   ) (   ) (   ) (   ) your article on
the Victorian Era.

5. (   ) (   ) (   ) (   ) (   ) Japanese people lives in Tokyo.

online video

破裂音の帯気音　/p/ と /t/ と /k/

　アクセントを持つ音節が /p/ と /t/ と /k/ の音で始まる場合、これらの音は強い息を伴って発音されるので、帯気音と呼ばれています。まずは日本人にありがちな帯気音を伴わない NG 発音と帯気音を伴う正しい発音のペアを聞き比べてみましょう。

1.	pen	park	repeat
2.	teach	talk	attention
3.	keep	coat	become

　ティッシュペーパーを使うと発音チェックができます。まず、ティッシュを口元に近づけて顔の前に垂らします。両唇をしっかり閉じて、肺からの空気をせき止め、口の中に強い圧力を感じてから、両唇を一気に開放して、pen と言うと、思い切り強い息が吐き出されます。この時にティッ  シュが大きく揺れれば、/p/ の音は合格です。同様に、/t/ の音は舌先で、/k/ の音は舌の奥のほうで、せき止めた肺からの空気を一気に勢いよく吹き飛ばすように発音すると、ティッシュが大きく揺れます。

　なお、/p/, /t/, /k/ の音で始まる音節であっても、直後の母音が強く発音されない場合（potato, tomato, computer など）には、/p/, /t/, /k/ は帯気音にはなりません。

Pronounce Words with the Sounds

単語を発音した後、センテンスで発音しましょう。また、正しい発音ができているかどうか、ペアでお互いに確認しましょう。

　Peter, kept, talking, parents → Peter kept on talking with his parents.

 Listening Drill: Question-Response　　　　🎧 DL 122　💿 CD2-45

1. 質問または発言を聞いて、応答として最も適切なものを (A) ～ (C) から 1 つ選びましょう。

① (A)　　(B)　　(C)

② (A)　　(B)　　(C)

③ (A)　　(B)　　(C)

2. 答え合わせの後、もう一度会話を聞き、ペアで会話の役割練習をしましょう。

1. 英語のストーリーを聞いて、空所を埋めましょう。　　　DL 123　　CD2-46

Missing Art Found Next Door

A painting whose whereabouts were unknown for decades was found by chance by a museum visitor.

The visitor was ① _____ of a series of paintings by the famous Black American artist Jacob Lawrence. Five works

5　　were missing from his original series of 30 paintings. The visitor thought a painting she saw in her neighbors' apartment could be ② _____

_____.

The visitor went home and advised her neighbors to ③ _____

_____ with the museum. The painting belonged to an elderly couple

10　　who ④ _____ charity art auction in 1960. The couple gladly agreed to loan out the painting. After making sure the painting was authentic and in good condition, the ⑤ _____ to the exhibition.

The museum's curators had hoped the missing works would somehow

15　　be found. The museum director said that a discovery of such importance was rare ⑥ _____. He added it was thrilling that a local visitor was responsible for the discovery.

Notes whereabouts　所在　　loan out ...　～を貸し出す　　authentic　本物の　　curator　学芸員

2. 空所を埋めたストーリーを読み、次の英文がその内容に合っていれば T、合っていなければ F にマークしましょう。

① The original series of Jacob Lawrence's paintings had 30 works.　　[T / F]

② The elderly couple agreed to display their work by Lawrence in the museum.
　　　　　　　　　　　　　　　　　　　　　　　　　　　　　　　[T / F]

③ The museum director was thrilled at the discovery of all 30 paintings.
　　　　　　　　　　　　　　　　　　　　　　　　　　　　　　　[T / F]

1. 音変化に注意しながら、英文の音読練習をしましょう。　🎧 DL 124　💿 CD2-47

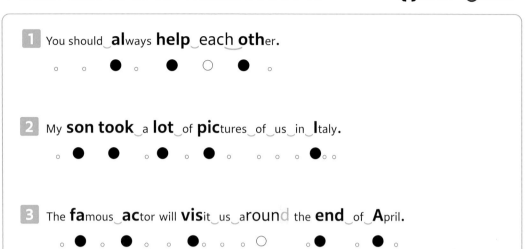

1　You should ⌣always **help** ⌣each **oth**er.
　○　　○　　●　○　　●　○　●　○

2　My **son took** ⌣a **lot** ⌣of **pic**tures ⌣of ⌣us ⌣in **I**taly.
　○　●　　●　　○　●　　●　　○　○　○　●　○○

3　The **fa**mous ⌣**ac**tor will **vis**it ⌣us ⌣a**round** the **end** ⌣of **A**pril.
　○　●　○　●　○　○　●　○　○　○　　　●　○　●　○

2. 音読練習後に英文を録音して、冒頭の*Record Your Performance*（p.60）で録音した自分の音読パフォーマンスと比較して聞いてみましょう。

　本Unitのポイントである「音の連結」はしっかりと意識できていますか。
「ヘゥピーチャダー」のような音から、自分の知らない英語表現かと思いきや、スクリプトを見ると自分の知っているHelp each other. だった、というのはよくあることです。このように、Help each other. という表現を音読する際に普段からHelp⌣each⌣other. のように自然な音の連結を意識して練習をしておくと、音声で聞いたときにその表現を迷うことなくキャッチできるようになります。安定したリスニング力を身に付けるためにも、音の連結を意識した音読・発音練習を徹底的に行いましょう。

達成度を５段階で自己評価しましょう。

音の変化１（連結）

できなかった　　　　ふつう　　　　うまくできた
1　　　2　　　3　　　4　　　5

リズムパターン英単語

⑧ 時に関する表現

　英単語の「リズムパターン」(いくつの音節から成る単語で、何番目の音節を一番強く読むか)に着目して、発音練習をしましょう。リズムパターンが同じ単語は特にそれを意識して、同じリズムで発音してください。

　対応するカタカナ語を持つ英単語で、「日英ギャップ」(カタカナ語のモーラ数から英単語の音節数を差し引いた数値)が大きいものは特に要注意です。正しい音節の数を意識して発音しましょう。

	単語	分綴	音節数	RP1	RP2	カタカナ語	モーラ数	日英ギャップ
1	eve	eve	1	1 1	●	イブ	2	1
2	April	A·pril	2	2 1	●。	エイプリル	5	3
3	Christmas	Christ·mas	2	2 1	●。	クリスマス	5	3
4	era	e·ra	2	2 1	●。			
5	evening	eve·ning	2	2 1	●。	イブニング	5	3
6	Wednesday	Wednes·day	2	2 1	●。	ウェンズデー	5	3
7	birthday	birth·day	2	2 1	●○	バースデー	5	3
8	midnight	mid·night	2	2 1	●○	ミッドナイト	6	4
9	o'clock	o'·clock	2	2 2	。●			
10	tonight	to·night	2	2 2	。●			
11	period	pe·ri·od	3	3 1	●。。	ピリオド	4	1
12	recently	re·cent·ly	3	3 1	●。。			
13	beginning	be·gin·ning	3	3 2	。●。	ビギニング	5	2
14	forever	for·ev·er	3	3 2	。●。	フォーエバー	5	2
15	February	Feb·ru·ar·y	4	4 1	●。○。			
16	January	Jan·u·ar·y	4	4 1	●。○。			

UNIT 9

I won't let you down.

音の変化 2（同化）

 Record Your Performance

発音に注意しながら、英文を音読しましょう。音読した英文は録音し、記録として保存しましょう。この録音は *Oral Reading Training* (p.72) で使用します。

1 **I won't let you down.**
あなたをがっかりはさせませんよ。

2 **Is this your first visit to Japan?**
あなたが日本にいらっしゃったのはこれが初めてですか。

3 **What made you angry?**
あなたはどうして怒っていたのですか。

 Feel the Difference

👍🎧 DL 126, 128, 130 ● CD2-49, 51, 53　👎🎧 DL 127, 129, 131 ● CD2-50, 52, 54

上の英文のモデル発音（👍）と日本人による NG 発音（👎）を聞き比べましょう。どこに違いがあるかを意識しながら何度も聞き、気が付いたところにマークやメモを書きましょう。

1. I won't let you down.

2. Is this your first visit to Japan?

3. What made you angry?

 Dictate Each Sentence　🎧 DL 132 ~ 134　● CD2-55 ~ ● CD2-57

STEP 1 英文のモデル発音を 2 回ずつ聞いて、空所を埋めましょう。
STEP 2 日本人による NG 発音を 1 回ずつ聞きましょう。
STEP 3 再度、STEP 1 のモデル発音が 2 回ずつ流れます。空所の最終確認をしましょう。

1. (　　　　) (　　　　) (　　　　　) the house OK?

2. (　　　　　) (　　　　　) (　　　　　　) and make a wish.

3. What (　　　　) (　　　　) (　　　　　　　　　) (　　　　) karate?

4. (　　　　　　) (　　　　) (　　　　　) (　　　　) join us?

5. (　　　　　) (　　　　　　　) (　　　　　) to Japan?

右隣にあなた（you）が来ると音変化する！

　英語では、meet や let のような /t/ で終わる単語の直後に you の冒頭の音 /j/ が出会うと、2つの音が影響し合って /tj/（テュ）から /tʃ/（チュ）という音に変化する場合が少なくありません。この現象は「音の同化」と呼ばれています。自然な速さの発話では同化が起こりやすくなりますが、必ず起こるということではなく、発話者によって、あるいは、同じ発話者であっても発話速度によって同化しない場合もあります。

▶ /t/ ＋ /j/ ➡ /tʃ/（チ）

Nice to meet you.

　　　　ミーテュー　➡　ミーチュー

　語末の /t/ 同様に、語末の /d/ や /s/ や /z/ も、直後の語頭が /j/ で始まる場合には、次のような同化が生じます。同化なしの発話と同化ありの発話を聞き比べてみましょう。

▶ /d/ ＋ /j/ ➡ /dʒ/（ヂ）

What did you do last weekend?

　　　ディデュー　➡　ディヂュー

▶ /s/ ＋ /j/ ➡ /ʃ/（シ）

I'll miss you.

　　　ミッスュー　➡　ミッシュー

▶ /z/ ＋ /j/ ➡ /ʒ/（ジ）

Close your textbook.

　　クロゥズュア　➡　クロゥジュア

　普段あまり同化させずに発音している人も、リスニング力向上のために音の同化を含む英文を音読して、同化された音の感覚を体に染み込ませておきましょう。

 **Pronunciation Training**

1. ①〜⑥の下線部に上の表現を書き写した後、それぞれの文の単語の間で「語末の/t/や/d/や/s/や/z/」が「語頭の/j/」と隣り合わせになる場所を全て見つけ、四角で囲みましょう。

2. ①〜⑥のモデル音声を聞いて、音の同化を意識しながら、発音練習しましょう。

例 Sorry to have kept you waiting.

Sorry to have kept you waiting.

① How was your flight?

② It's not your fault.

③ Why don't you come over to my place?

④ Could you tell us your opinion?

⑤ I heard your father will meet your boyfriend.

⑥ Did you buy that much coffee because your sister is a coffee person?

Partial Dictation Drill

英文のモデル発音を2回ずつ聞いて、空所を埋めましょう。

1. I've lived in the suburbs of Tokyo since (　　　　) (　　　　).

2. I (　　　　) (　　　　) (　　　　) for next week's presentation.

3. (　　　　) (　　　　) (　　　　) working part-time over there?

4. Why (　　　　) (　　　) (　　　　) (　　　　) friends by singing that song in English?

5. I'm (　　　　) (　　　) had time for lunch today.

紛らわしい子音　/s/ と /ʃ/

　英語の /s/ の音は、日本語のサ行の「サ(sa)、ス(su)、セ(se)、ソ(so)」の語頭の音で、舌先を上の歯ぐきに近づけて、強く息を出すと出る擦れたような音です。一方、ship や English のように sh の綴りで表すことの多い英語の /ʃ/ の音は、日本語の「シェアハウス」の「シェ」の頭の音に近いのですが、音を出す際は、唇を丸く突き出して息を吐きながら、擦れる音を若干大げさ気味に響かせるとよいでしょう。なお、sugar や pressure や machine などには sh の綴りはありませんが、色の付いた部分は /ʃ/ と発音されています。音声で確認してみましょう。

ship　Engli**sh**　**s**ugar　pre**ss**ure　ma**ch**ine

　season, Singapore, city の語頭の音や、Mississippi, receive, taxi の色の付いた部分には /s/ が含まれていますが、/s/ をうまく発音できず、日本語の「シ」に置き換えて発音してしまう人がいますので、気を付けましょう。日本人にありがちな「シ」に置き換えた NG 発音と正しい発音のペアを聞き比べてみましょう。

1. **s**eason　　　　　**S**ingapore　　　**c**ity
2. Mi**ss**i**ss**ippi　　re**c**eive　　　　ta**x**i

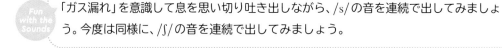

> 「ガス漏れ」を意識して息を思い切り吐き出しながら、/s/ の音を連続で出してみましょう。今度は同様に、/ʃ/ の音を連続で出してみましょう。

Pronounce Words with the Sounds

単語を発音した後、センテンスで発音しましょう。また、正しい発音ができているかどうか、ペアでお互いに確認しましょう。

sure, **sh**e, **s**ee, **s**ister, **S**ydney → I'm **s**ure **sh**e'll **s**ee your **s**ister in **S**ydney.

Listening Drill: Question-Response　　　　　　　　🎧 DL 137　💿 CD2-60

1. 質問または発言を聞いて、応答として最も適切なものを (A) ～ (C) から 1 つ選びましょう。

　① (A)　　(B)　　(C)
　② (A)　　(B)　　(C)
　③ (A)　　(B)　　(C)

2. 答え合わせの後、もう一度会話を聞き、ペアで会話の役割練習をしましょう。

 *Listening Comprehension*

1. 英語のストーリーを聞いて、空所を埋めましょう。  DL 138 ● CD2-61

The Last Flashback

New data collected by a team of scientists showed ① _____

_____ may actually flash before your eyes ② _____.

The team was monitoring the brainwaves of an epileptic patient when

the patient had a fatal heart attack. This led to the ③ _____

5 _____ of what goes on in the brain during the process of dying.

According to the data, the brain concentrates, dreams, and recalls

memories 30 seconds before and after blood ④ _____

_____. The data did not reveal the content of the memories, but the

scientific team thinks the brain was replaying life experiences before death.

10 It is difficult to draw conclusions from just one case. However, the data

was very similar to that collected from a study done ⑤ _____

_____. It also showed high brainwave activity in rats during the dying

process.

Scientists who gathered the human brainwave data are excited about

15 the similar results from the two studies. This may prove that there is a

scientific explanation ⑥ _____ during

near-death experiences.

Note epileptic　てんかん症の

2. 空所を埋めたストーリーを読み、次の英文がその内容に合っていれば T、合っていなければ F にマークしましょう。

① The team of scientists were shocked to learn the patient was dying. [T / F]

② The new data obtained from the epileptic patient was similar to that
   collected from a study on healthy rats. [T / F]

③ The scientists had to get special permission to gather the human brainwave
   data. [T / F]

1. 音変化に注意しながら、英文の音読練習をしましょう。　🎧 DL 139　💿 CD2-62

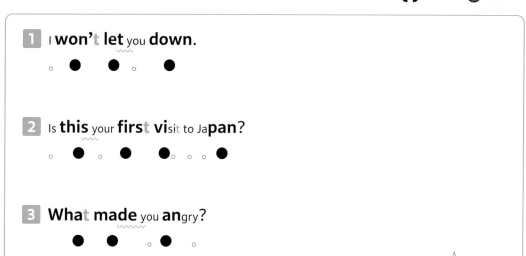

1 I **won't let** you **down.**

2 Is **this** your **first vi**sit to Ja**pan?**

3 What made you **an**gry?

2. 音読練習後に英文を録音して、冒頭の*Record Your Performance*（p.67）で録音した自分の音読パフォーマンスと比較して聞いてみましょう。

本Unitのポイントである「音の同化」はしっかりと意識できていますか。
　Unit 8で学んだ「音の連結」同様、このUnitで学んだ「音の同化」は、リスニング攻略のための非常に重要な学習事項です。これらの音の変化は、知識として知っているだけでは不十分で、実際にモデル音声をじっくりと聞いて、何度もそっくりそのまま真似をしておくことで、そのような音の変化を含んだ発話を聞いた際に認識できるようになります。安定したリスニング力を身に付けるためにも、音の同化を意識した音読・発音練習を徹底的に行いましょう。

達成度を5段階で自己評価しましょう。

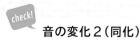

音の変化2（同化）

できなかった		ふつう		うまくできた
1	2	3	4	5

リズムパターン英単語

⑨ 動作を伝える
言葉 2

　英単語の「リズムパターン」(いくつの音節から成る単語で、何番目の音節を一番強く読むか)に着目して、発音練習をしましょう。リズムパターンが同じ単語は特にそれを意識して、同じリズムで発音してください。

　対応するカタカナ語を持つ英単語で、「日英ギャップ」(カタカナ語のモーラ数から英単語の音節数を差し引いた数値)が大きいものは特に要注意です。正しい音節の数を意識して発音しましょう。

	単語	分綴	音節数	RP1	RP2	カタカナ語	モーラ数	日英ギャップ
1	dream	dream	1	1 1	●	ドリーム	4	3
2	try	try	1	1 1	●	トライ	3	2
3	contact	con·tact	2	2 1	●。	コンタクト	5	3
4	admire	ad·mire	2	2 2	。●			
5	assist	as·sist	2	2 2	。●	アシスト	4	2
6	excite	ex·cite	2	2 2	。●	エキサイト	5	3
7	observe	ob·serve	2	2 2	。●			
8	respect	re·spect	2	2 2	。●	リスペクト	5	3
9	influence	in·flu·ence	3	3 1	●。。			
10	concentrate	con·cen·trate	3	3 1	●。○			
11	recognize	rec·og·nize	3	3 1	●。○			
12	develop	de·vel·op	3	3 2	。●。			
13	imagine	i·mag·ine	3	3 2	。●。	イマジン	4	1
14	overcome	o·ver·come	3	3 3	○。●			
15	experience	ex·pe·ri·ence	4	4 2	。●。。			
16	participate	par·tic·i·pate	4	4 2	。●。○			

UNIT 10 *Did you have a good time?*

音の変化 3（脱落）

 Record Your Performance

発音に注意しながら、英文を音読しましょう。音読した英文は録音し、記録として保存しましょう。この録音は *Oral Reading Training* (p.79)で使用します。

1 Did you have a good time?
楽しかったですか。

2 You'll do better next time.
次はもっとうまくいきますよ。

3 It's limited to the first twenty customers.
先着 20 名様限定です。

 Feel the Difference

👍 🎧 DL 141, 143, 145 💿 CD2-64, 66, 68   👎 🎧 DL 142, 144, 146 💿 CD2-65, 67, 69

上の英文のモデル発音(👍)と日本人による NG 発音(👎)を聞き比べましょう。どこに違いがあるかを意識しながら何度も聞き、気が付いたところにマークやメモを書きましょう。

1. Did you have a good time?

2. You'll do better next time.

3. It's limited to the first twenty customers.

🖊 **Dictate Each Sentence**

🎧 DL 147 ~ 149 💿 CD2-70 ~ 💿 CD2-72

STEP 1 英文のモデル発音を 2 回ずつ聞いて、空所を埋めましょう。
STEP 2 日本人による NG 発音を 1 回ずつ聞きましょう。
STEP 3 再度、STEP 1 のモデル発音が 2 回ずつ流れます。空所の最終確認をしましょう。

1. Can I (   ) (   ) on social media?

2. It's (   ) (   ) (   ) (   ) true.

3. You (   ) (   ) (   ) (   ) an apron.

4. (   ) (   ) (   ) mind.

5. How much is (   ) (   ) (   )?

同じ子音や似た子音が続いたら最初の子音は落とす!

　英語にはgood timeの /d/ と /t/ のように、お互いに似た音が隣り合わせになると、1つ目の音を落として発音する「音の脱落」という現象が起こることがあります。例えば、good time や limited to は /d/ の音を脱落させて goo(d) time, limite(d) to のように発音されます。また、next timeの /t/ のように同じ子音が隣り合わせになる場合も、いちいち同じ音を繰り返さずに省エネで発音するため「音の脱落」が起こり、nex(t) time のようになります。/t/ や /d/ と同様に「語末の破裂音」である /p/ や /b/, /k/ や /g/ はしばしば脱落します。

▶ 語末の /t/ や /d/ の脱落の例

How can I get to the station?

We've got to shut the door.

Did you have a bad dream?

I want to be a good teacher like him.

▶ 語末の /p/ や /b/ の脱落の例

Stop playing the piano.

We have to stop this.

This is open to all club members.

▶ 語末の /k/ や /g/ の脱落の例

Don't smoke in public places.

You bought a big car.

▶ 同じ子音が続いた場合の脱落の例

I saw your boss singing with them.

I want you to buy some milk.

That green necktie looks good on you.

 **Pronunciation Training**

1. ①〜⑥の下線部に上の表現を書き写した後、脱落が起こると思われる全ての音の上に×マークをつけましょう。

2. ①〜⑥のモデル音声を聞いて、音の脱落を意識しながら、発音練習しましょう。

例　This is my first time to skate.

This is my first time to skate.

① Don't forget to take your umbrella with you.

_____

② I'm looking forward to wearing this dress.

_____

③ Let me check and get back to you.

_____

④ Did you get an email from me?

_____

⑤ I try not to spend too much money on clothes.

_____

⑥ I'm afraid I've already got plans for that day.

_____

Partial Dictation Drill

英文のモデル発音を2回ずつ聞いて、空所を埋めましょう。

1. Our (   ) (   ) will be about eight hours.

2. The management (   ) (   ) (   ) (   ) (   ).

3. (   ) (   ) (   ) (   ) like this can be dangerous.

4. Is flying the (   ) (   ) (   ) (   ) (   )?

5. (   ) (   ) (   ) (   ) are against school uniforms.

online video

意外と難しい子音 /w/ と /j/

　日本語に「ワ」や「ヤ」「ユ」「ヨ」があるため、英語の /w/ や /j/ の発音は難しくないと考えている人も多いようですが、それは間違いで、多くの大学生がこれらの音を正しく発音することができていません。単語の色のついた部分の音に注意しながら、次の日本語と英語の音声を交互に聞いてみましょう。

1. ウッド	wood	2. ウール	wool
3. イエス	yes	4. イヤー	year

　まず、英語の /w/ の音は、日本語の「ワ」の音を出すときよりも「もっと唇を丸めて、前に突き出して」出すようにしましょう。この構え方が自然にできるようになるまで、最初のうちは唇の動きに必ず強く意識を向けながら、発音練習してください。

　yes や year の /j/ の音を出すときは、日本語の「ヤ」の頭の音を出すときよりも「唇の両端を横に強く引っぱって」はっきりと強めに出してみてください。その際、舌の真ん中あたりがぐっと持ち上がり、狭いすき間から息が押し出されるのを感じましょう。

Pronounce Words with the Sounds

単語を発音した後、センテンスで発音しましょう。また、正しい発音ができているかどうか、ペアでお互いに確認しましょう。

　　water, will, yen, winter → This bottled water will cost you 200 yen this winter.

 Listening Drill: Question-Response  DL 152 CD2-75

1. 質問または発言を聞いて、応答として最も適切なものを (A) ～ (C) から 1 つ選びましょう。

　① (A)　　(B)　　(C)
　② (A)　　(B)　　(C)
　③ (A)　　(B)　　(C)

2. 答え合わせの後、もう一度会話を聞き、ペアで会話の役割練習をしましょう。

1. 英語のストーリーを聞いて、空所を埋めましょう。　　　　🎧 DL 153　⊙ CD2-76

Smart Fabric

Can you imagine a shirt that can adjust its own temperature? Or pants that can sense changes in your movement and health, and warn you if something is wrong? Textile researchers think such a fabric may eventually become widely available.

5　Nextiles, a Brooklyn-based start-up ① _____ the National Science Foundation, just launched a patented fabric with "smart" features. The fabric has built-in technology to record biometric data.

For starters, the company has tried the technology in sportswear for athletes. The sportswear allows athletes to ② _____ their

10　movements, going beyond what current wristbands and smartwatches can do.

The company now ③ _____ garments with its smart technology. However, it wants to mass-market its fabric in the future. The fabric would be made into regular, washable garments, and ④ _____ monitor a person's breathing and heartrate.

15　Researchers aren't sure whether there will be ⑤ _____ _____ this kind of fabric since smartphones and smartwatches can already do so much. But they think this ⑥ _____ _____ as the smart fabric continues to evolve.

> Notes fabric 布地、織物　　biometric 身体特徴を記録した　　mass-market 〜を大量生産する

2. 空所を埋めたストーリーを読み、次の英文がその内容に合っていれば T、合っていなければ F にマークしましょう。

① The fabric introduced by Nextiles can record biometric data.　　[T / F]

② Nextiles has no future plans to produce the fabric for many people.　[T / F]

③ Researchers are very pessimistic about the potential demand for the fabric.

[T / F]

🎤🎤 *Oral Reading Training*

1. 音変化に注意しながら、英文の音読練習をしましょう。　🎧 DL 154　💿 CD2-77

> **1** Did you **have** a **goo**d **time**?
> ○　○　●　○　●　●
>
> **2** You'll **do bet**ter **nex**t **time**.
> ○　●　●　○　●　●
>
> **3** It's **lim**ited to the **firs**t **twen**ty **cus**tomers.
> ○　●　○○　○　○　●　　●　○　●　○○

2. 音読練習後に英文を録音して、冒頭の*Record Your Performance*(p.74)で録音した自分の音読パフォーマンスと比較して聞いてみましょう。

本Unitのポイントである「音の脱落」はしっかりと意識できていますか。
　Unit 8で学んだ「連結」、Unit 9で学んだ「同化」同様、このUnitで学んだ「音の脱落」は、リスニング攻略のために必須の学習事項です。「音の脱落」を含む英文を何度も発音・音読練習していると、英文の聞き取りがとても楽になるはずです。

達成度を5段階で自己評価しましょう。

音の変化3（脱落）

できなかった　　　　　ふつう　　　　　うまくできた
　　1　　　　2　　　　3　　　　4　　　　5

リズムパターン英単語

DL 155　CD2-78

⑩ 身に着けるもの

　英単語の「リズムパターン」（いくつの音節から成る単語で、何番目の音節を一番強く読むか）に着目して、発音練習をしましょう。リズムパターンが同じ単語は特にそれを意識して、同じリズムで発音してください。

　対応するカタカナ語を持つ英単語で、「日英ギャップ」（カタカナ語のモーラ数から英単語の音節数を差し引いた数値）が大きいものは特に要注意です。正しい音節の数を意識して発音しましょう。

	単語	分綴	音節数	RP1	RP2	カタカナ語	モーラ数	日英ギャップ
1	clothes	clothes	1	1 1	●			
2	gloves	gloves	1	1 1	●			
3	mask	mask	1	1 1	●	マスク	3	2
4	shirt	shirt	1	1 1	●	シャツ	2	1
5	skirt	skirt	1	1 1	●	スカート	4	3
6	vest	vest	1	1 1	●	ベスト	3	2
7	apron	a·pron	2	2 1	●。	エプロン	4	2
8	glasses	glass·es	2	2 1	●。			
9	jacket	jack·et	2	2 1	●。	ジャケット	4	2
10	sandal	san·dal	2	2 1	●。	サンダル	4	2
11	sweater	sweat·er	2	2 1	●。	セーター	4	2
12	trousers	trou·sers	2	2 1	●。			
13	T-shirt	T-shirt	2	2 1	●○	ティーシャツ	4	2
14	raincoat	rain·coat	2	2 1	●○	レインコート	6	4
15	uniform	u·ni·form	3	3 1	●。○	ユニフォーム	5	2
16	umbrella	um·brel·la	3	3 2	。●。			

80

UNIT 11

What kind of sports do you like?

英文のリズム1（内容語と機能語）

 Record Your Performance

発音に注意しながら、英文を音読しましょう。音読した英文は録音し、記録として保存しましょう。この録音は *Oral Reading Training* (p.86)で使用します。

1 **What kind of sports do you like?**
あなたはどんなスポーツが好きですか。

2 **Let me tell you something.**
ちょっと一言言わせてください。

3 **It was the best concert ever!**
それはこれまでで最高のコンサートでした！

 Feel the Difference

👍🎧 DL 156, 158, 160 🔘 CD3-02, 04, 06　👎🎧 DL 157, 159, 161 🔘 CD3-03, 05, 07

上の英文のモデル発音（👍）と日本人によるNG発音（👎）を聞き比べましょう。どこに違いがあるかを意識しながら何度も聞き、気が付いたところにマークやメモを書きましょう。

1. What kind of sports do you like?

2. Let me tell you something.

3. It was the best concert ever!

 Dictate Each Sentence

🎧 DL 162 ~ 164 🔘 CD3-08 ~ 🔘 CD3-10

STEP 1 英文のモデル発音を2回ずつ聞いて、空所を埋めましょう。
STEP 2 日本人によるNG発音を1回ずつ聞きましょう。
STEP 3 再度、STEP 1のモデル発音が2回ずつ流れます。空所の最終確認をしましょう。

1. I've (　　　　　) (　　　) (　　　　　).

2. I'm still (　　　　　) (　　　) (　　　) (　　　　　).

3. We must (　　　　) (　　　) (　　　) (　　　) (　　　　　　).

4. What do you (　　　　) (　　　) (　　　) (　　　　　)?

5. Could you (　　　) (　　　) (　　　) (　　　　　)?

文の発音も強弱のメリハリをつけて発音する！

　これまでは、英単語を発音する際に、その単語が「いくつの音節から成っていて、どの音節を一番強く発音するか」（英単語リズムパターン）に意識を強く向けて発音練習することの重要性について学んできました。では、英語の文の発音についてはどうでしょう。文は単語が集まったものですので、当然、文中の個々の単語についても英単語リズムパターンに注意しながら発音する必要があるのですが、各単語の英単語リズムパターンをただ単純に足し算して発音すればよいというわけではないので注意が必要です。例えば、What kind of sports do you like?の個々の単語の英単語リズムパターンは次のとおりです。

　そのため、単純に足し算してしまうと、次のように全ての単語を強く発音することになりますが、これは不自然な発音です。

　自然な発音ではWhat, kind, sports, likeの４つの単語を強く、of, do, youの３つの単語は弱く発音します。

What kind of sports do you like?

　このように、英文を発音する際には、「内容語＝話し言葉として聞き手に伝える必要のあるメッセージ性の強い語」は強く発音し、反対に「機能語＝内容というよりも文法的な機能を果たす語」は弱く発音されるのが一般的です。英単語の発音同様、強弱のメリハリをしっかりつけましょう。

内容語	●名詞、動詞（be動詞は除く）、形容詞、副詞 ● what, who, when, where, why, howなどの疑問詞 ●「これ」「それ」を意味するthisやthat ● one, two, threeのような数を表す語 ●否定を表すnot, don't, can'tなど
機能語	● be動詞やcan, may, shouldなどの助動詞 ● aやtheのような冠詞 ● inやon, to, withのような前置詞 ● Iやyouやhe, she, itのような代名詞 ● andやbut, orのような接続詞など

 **Pronunciation Training**

1. ①〜⑥の英文から内容語を見つけ、丸で囲みましょう。

2. 内容語を強く、機能語を弱く発音することを意識して、まずは自力で発音してみましょう。その後、モデル音声を聞いて、自然な発音の仕方を確認しましょう。

3. モデル音声を聞いて、強弱のメリハリをしっかりつけて発音練習しましょう。

例　Let me tell you something.

➡　(Let) me (tell) you (something).

① You're going the wrong way.

② It really looks good on you.

③ You should eat it while it's warm.

④ Feel free to ask me anytime.

⑤ You can exchange your money at the airport.

⑥ I remember you told me you went to Sapporo during the summer vacation.

Partial Dictation Drill

英文のモデル発音を2回ずつ聞いて、空所を埋めましょう。

1. We'll go to (　　　) (　　　　　　) (　　　) (　　　) (　　　　　　　　　)
(　　　　).

2. We have (　　　) (　　　) (　　　) (　　　　) (　　　) (　　　).

3. I (　　　　　) (　　　　) (　　　) (　　　) (　　　　　) (　　　) (　　　) (　　　　).

4. What he said really (　　　　) (　　　　) (　　　　　　).

5. To understand the problem, we must (　　　) (　　　) (　　　) (　　　　　) (　　　)
(　　　) (　　　　　　).

online / video

紛らわしい母音 /ɑːr/ と /əːr/

　「心」を意味する日本語の「ハート」に対応する英単語は heart ですが、発音する際は語末に余分な「お」を入れないこと以外に、母音 ear の発音にも注意しましょう。日本語の「アー」を言うときよりも、口を大きく縦に開けるようにして、喉の奥から肺からの空気をしっかり押し出すように発音しましょう。アメリカ英語では、舌先を後ろに反らせる感じにして語尾に /r/ 音を響かせる場合がありますが、イギリス英語では舌先は反らせません。カタカナ発音とアメリカ英語の発音を聞き比べてみましょう。

1. ハート　　heart　　**2.** パーク　　park

　/əːr/ は日本人英語学習者の多くが苦手とする発音です。この音はあいまい母音の /ə/ を長く発音した音ですので、Unit 3 で学習した /ə/ の発音をしっかりと復習してください。口を少しだけ開けたまま、口元の筋肉を思い切り脱力させて、自然に声を出すと出る /ə/ を、肺からの空気をしっかりと押し出すように伸ばすと /əː/ になります。/ɑːr/ 同様に、最後に舌先を後ろに反らせる感じにして /r/ 音を響かせるとアメリカ発音の /əːr/ となります。/ɑːr/ と /əːr/ を含む単語をペアで聞き比べてみましょう。

1. heart「心」　　hurt「～を傷つける」　　**2.** barn「納屋」　　burn「～を燃やす」
3. far「遠い」　　fur「毛皮」

　/ɑːr/ と /əːr/ を正しく言い分け・聞き分けできるまで発音練習してください。

Pronounce Words with the Sounds

単語を発音した後、センテンスで発音しましょう。また、正しい発音ができているかどうか、ペアでお互いに確認しましょう。

　　heard, burned, barn, purpose → I heard he burned the barn on purpose.

 Listening Drill: Question-Response　　　　　　　　 DL 167　　CD3-13

1. 質問または発言を聞いて、応答として最も適切なものを (A) ～ (C) から 1 つ選びましょう。

① (A)　　(B)　　(C)
② (A)　　(B)　　(C)
③ (A)　　(B)　　(C)

2. 答え合わせの後、もう一度会話を聞き、ペアで会話の役割練習をしましょう。

1. 英語のストーリーを聞いて、空所を埋めましょう。　　DL 168　CD3-14

A Boy's Emergency Call

　　A four-year-old boy in New Zealand made an emergency call to the police. What exactly was the emergency? The boy ① _____ _____ and see his toys.

　　The call was made while the boy's mother was sick in bed, and he was
5　helping her.　The police usually ② _____ _____ their emergency number without a real emergency. They couldn't resist responding this time, however, because it was too cute.

　　After ③ _____ there was no real emergency, a free police officer was sent to the boy's home. The officer then checked out the
10　toys, which he mentioned were quite cool, and ④ _____ _____about using the police emergency number properly. The boy even got to sit on the hood of a patrol car ⑤ _____ _____. Police then passed on the cuteness by ⑥ _____ _____—and the recording of the boy's call—on social media.

2. 空所を埋めたストーリーを読み、次の英文がその内容に合っていれば T、合っていなけれ
ば F にマークしましょう。

① The boy was shocked because somebody stole his toy.　　　　[T / F]

② The police usually tell children not to call their emergency number unless
　there is a real emergency.　　　　　　　　　　　　　　　　　[T / F]

③ A free police officer drove the boy to the police station.　　[T / F]

1. 音変化に注意しながら、英文の音読練習をしましょう。　🎧 DL 169　💿 CD3-15

> ① **Wha**t **kind** of **sports** do you **like**?
> ● ● ○ ● ○ ○ ●
>
> ② **Let** me **tell** you **some**thing.
> ● ○ ● ○ ● ○
>
> ③ It was the **best con**cert **ev**er!
> ○ ○ ○ ● ● ○ ● ○

2. 音読練習後に英文を録音して、冒頭の *Record Your Performance*（p.81）で録音した自分の音読パフォーマンスと比較して聞いてみましょう。

　　本Unitのポイントである「内容語と機能語の強弱」はしっかりと意識できていますか。

　　英単語の発音同様、英文の発音においても、●部分を「強く・高く・長く・はっきりと」、。部分を「弱く・低く・短く・あいまいに」発音することを意識しましょう。発音練習の際は、強弱のメリハリを若干大げさ気味にして発音しておくと、自然な会話の際に意識せずにメリハリのきいた英語らしいリズムの発音ができるようになります。

達成度を5段階で自己評価しましょう。

check! 英文のリズム1（内容語と機能語）

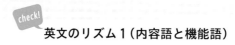

できなかった		ふつう		うまくできた
1	2	3	4	5

リズムパターン英単語

⑪ 様子を伝える言葉

　英単語の「リズムパターン」(いくつの音節から成る単語で、何番目の音節を一番強く読むか)に着目して、発音練習をしましょう。リズムパターンが同じ単語は特にそれを意識して、同じリズムで発音してください。

　対応するカタカナ語を持つ英単語で、「日英ギャップ」(カタカナ語のモーラ数から英単語の音節数を差し引いた数値)が大きいものは特に要注意です。正しい音節の数を意識して発音しましょう。

	単語	分綴	音節数	RP1	RP2	カタカナ語	モーラ数	日英ギャップ
1	modern	mod·ern	2	2 1	●。	モダン	3	1
2	confident	con·fi·dent	3	3 1	●。。			
3	dangerous	dan·ger·ous	3	3 1	●。。	デンジャラス	5	2
4	frightening	fright·en·ing	3	3 1	●。。			
5	passionate	pas·sion·ate	3	3 1	●。。			
6	tropical	trop·i·cal	3	3 1	●。。	トロピカル	5	2
7	various	var·i·ous	3	3 1	●。。			
8	convenient	con·ven·ient	3	3 2	。●。			
9	embarrassed	em·bar·rassed	3	3 2	。●。			
10	umbrella	um·brel·la	3	3 2	。●。			
11	comfortable	com·fort·a·ble	4	4 1	●。。。			
12	valuable	val·u·a·ble	4	4 1	●。。。			
13	responsible	re·spon·si·ble	4	4 2	。●。。			
14	traditional	tra·di·tion·al	4	4 2	。●。。	トラディショナル	6	2
15	unusual	un·u·su·al	4	4 2	。●。。			
16	energetic	en·er·get·ic	4	4 3	○。●。			

UNIT 12

What do you think of his plan?

英文のリズム 2（等間隔リズム）

Record Your Performance

発音に注意しながら、英文を音読しましょう。音読した英文は録音し、記録として保存しましょう。この録音は *Oral Reading Training* (p.93)で使用します。

1 **What do you think of his plan?**
あなたは彼の計画をどう思いますか。

2 **Sixty percent of our classmates like sports.**
クラスメートの6割はスポーツが好きです。

3 **Learning a new language is extremely difficult.**
新しい言語を学ぶことはとても難しいです。

Feel the Difference

👍🎧 DL 171, 173, 175　◎ CD3-17, 19, 21　👍🎧 DL 172, 174, 176　◎ CD3-18, 20, 22

上の英文のモデル発音（👍）と日本人によるNG発音（👍）を聞き比べましょう。どこに違いがあるかを意識しながら何度も聞き、気が付いたところにマークやメモを書きましょう。

1. What do you think of his plan?

2. Sixty percent of our classmates like sports.

3. Learning a new language is extremely difficult.

✎ *Dictate Each Sentence*

🎧 DL 177 ~ 179　◎ CD3-23 ~ ◎ CD3-25

STEP 1 英文のモデル発音を2回ずつ聞いて、空所を埋めましょう。
STEP 2 日本人によるNG発音を1回ずつ聞きましょう。
STEP 3 再度、STEP 1 のモデル発音が2回ずつ流れます。空所の最終確認をしましょう。

1. Thank you for ( ) ( ) ( ) ( ) ( ).

2. We're having ( ) ( ) ( ) ( ) ( ) ( ) ( ).

3. The meeting ( ) ( ) ( ) ( ) ( )
( ) ideas.

4. I was ( ) ( ) ( ) ( ) ( ) ( ).

5. Too much homework ( ) ( ) ( ) ( ) ( )
students' motivation to study.

等間隔のリズムをできるだけ崩さないように発音する！

　Unit 11では、英文を発音する際に内容語は強く、機能語は弱く発音することで、強弱のメリハリをつけることを学びました。今回はもう1つ、英文を自然に発音するためのコツを紹介します。それは、●で表す「強い音のカタマリ」（強音節）から次の「強い音のカタマリ」までの長さをほぼ等間隔にすることを意識して、それぞれの音節の長さを調整して発音するということです。例えば、What do you think of his plan? は、内容語がWhat, think, plan、機能語がdo, you, of, hisですから、英文を発音する際の強弱は次のようになります。

　太字の部分で手を叩いて3拍で発音するのですが、この3拍が等間隔となるよう意識して、長さを調整します。手拍子による等間隔リズムは一定に保ちながら、それに英語を載せるイメージで発音しましょう。分かりやすく太鼓の音で表してみると、次のようになります。

　同じ●でもWhatとthinkの●は「ドン」、それに対し、最後のplanは思い切り長めに「ドーン」と発音することで、What do youやthink of hisの「ドンカカ」の長さとほぼ同じになるように調整するのです。また、弱い音節が 。。と2つ続くdo youやof hisは思い切り「弱く・低く・短く・あいまいに」発音する必要があります。

　なお、次の文のように機能語Iから始まるような英文は、拍子を打ち始める前にIを弱く発音しておく必要があります。手拍子はthinkと発音すると同時に打ちます。

Pronunciation Training

🎧 DL 180　💿 CD3-26

1. 等間隔リズムを体に染み込ませるために、正三角形や菱形、正五角形を指で描きながら、その動きに合わせるように①〜⑥の英文を発音してみましょう(Unit 2参照)。

① Thank you very much.

② Thank you very much for coming.

③ Thank you very much for coming to the party.

④ Don't forget your homework.

⑤ Don't forget your English homework.

⑥ Don't forget your English homework again.

2. 上の英文のように三角形、菱形、正五角形の動きで発音できる英文を自分で考案し、実際に身体を動かしながらそれぞれを発音してみましょう。

Partial Dictation Drill

🎧 DL 181　💿 CD3-27

英文のモデル発音を2回ずつ聞いて、空所を埋めましょう。

1. That's (　　　) (　　　　　) (　　　) (　　　　).

2. This (　　　) (　　　　　) (　　　　) (　　　) (　　　　　　).

3. I have (　　　　) (　　　　　) (　　　) (　　　　　) (　　　　)
(　　　　　　).

4. Do you have (　　　　) (　　　　　　) (　　　　　) (　　　) (　　　　)
(　　　　　)?

5. We need to (　　　　　) young people (　　　) (　　　　) (　　　　) (　　　　)
(　　　　　　).

二重母音　/ei/ と /ou/

　日本語のカタカナ語には「ゲート」「ホーム」のように「ー」という長音記号を用いて、直前の母音を「エー」「オー」のように長く発音することを示すものがたくさんありますが、これに対応する英単語を発音する際には注意が必要です。カタカナとそれに対応する英語の発音を聞き比べてみましょう。今回は特に色のついた部分の音に注意して聞いてください。

1. ゲート　　　　gate
2. ホーム　　　home
3. ステーション　station
4. オープン　　open

　色のついた部分の音は、「エィ」「オゥ」のように１拍で発音し、その際、１つ目の音を強く長くはっきりと発音し、２つ目の音は滑らかに軽く弱く添える感じで発音します。ぶつ切れの●●の２つの音でなく、● のような１つの音であることを意識しましょう。英語には /ei/ と /ou/ 以外にも、/ai/, /ɔi/, /au/ といった母音のカタマリがあり、これらは「二重母音」と呼ばれています。（例: child, coin, towel）

　また、dangerous や only のようにカタカナでは「デンジャラス」、「オンリー」と表記されるものの、英語では色のついた部分の a や o を二重母音 /ei/ や /ou/ で発音するものがありますから要注意です。

> Pronounce Words with the Sounds

単語を発音した後、センテンスで発音しましょう。また、正しい発音ができているかどうか、ペアでお互いに確認しましょう。

　　　go, old, cake, date → Let's go to the old cake shop on our date.

 Listening Drill: Question-Response　　　　🎧 DL 182　💿 CD3-28

1. 質問または発言を聞いて、応答として最も適切なものを (A) 〜 (C) から１つ選びましょう。

　① (A)　　(B)　　(C)
　② (A)　　(B)　　(C)
　③ (A)　　(B)　　(C)

2. 答え合わせの後、もう一度会話を聞き、ペアで会話の役割練習をしましょう。

1. 英語のストーリーを聞いて、空所を埋めましょう。　　　　🎧 DL 183　💿CD3-29

Book Borrowed Long, Long Ago

An overdue library book has been returned. Why is it ① _____

_____? The book was printed in 1704 and checked out over 300

years ago.

It all began when a package arrived at 800-year-old Sheffield

5　Cathedral in England. The package contained ② _____

_____. The note said the book's owner had recently passed away and

had asked for the book to be returned.

Sheffield Cathedral used to be a church ③ _____

_____, but the library is believed to have been closed sometime

10　during the Georgian period. There was an entry inside the book proving that

it belonged to the church library. This meant someone borrowed the book

from the library about 300 years ago and did not return it.

The vice-dean of the Cathedral said ④ _____

to have the book back. He joked that he is trying to figure out ⑤ _____

15　_____ for the overdue book.

The Cathedral plans to put the book, "The Faith and Practice of a

Church of England Man," ⑥ _____.

`Note` overdue　返却期限の過ぎた

2. 空所を埋めたストーリーを読み、次の英文がその内容に合っていれば T、合っていなけれ
ば F にマークしましょう。

① Sheffield Cathedral told the owner of the book to return it before its library
closed.　　　　　　　　　　　　　　　　　　　　　　　　　　　[T / F]

② The vice-dean was happy about the return of the book but insisted that the
borrower of the book should pay a late fee.　　　　　　　　　　[T / F]

③ The returned book will be given to a man who is faithful to the Church's
teaching.　　　　　　　　　　　　　　　　　　　　　　　　　[T / F]

1. 音変化に注意しながら、英文の音読練習をしましょう。　　🎧 DL 184　💿 CD3-30

---

1 **Wha**t do you **think** of his **plan**?

● ˳ ˳ ● ˳ ˳ ●

2 **Six**ty per**cent** of our **class**mates **li**ke **sports**.

● ˳ ˳ ● ˳ ˳ ● ○ ● ●

3 **Learn**ing a **new lan**guage is extreme**ly diff**icult.

● ˳ ˳ ● ● ˳ ˳ ˳ ● ˳ ● ˳ ˳

---

2. 音読練習後に英文を録音して、冒頭の*Record Your Performance*（p.88）で録音した自分の音読パフォーマンスと比較して聞いてみましょう。

本Unitのポイントである「等間隔リズム」はしっかりと意識できていますか。
　英文の発音の際には、強弱のメリハリをつけると共に、英語特有の等間隔リズムを意識して発音するようにしましょう。英文のリズムを体に染み込ませていくと、英語のリスニングにも効果が出てくるはずです。

達成度を5段階で自己評価しましょう。

英文のリズム2（等間隔リズム）

できなかった		ふつう		うまくできた
1	2	3	4	5

リズムパターン英単語

⑫ 動作を伝える
言葉 3

　英単語の「リズムパターン」(いくつの音節から成る単語で、何番目の音節を一番強く読むか)に着目して、発音練習をしましょう。リズムパターンが同じ単語は特にそれを意識して、同じリズムで発音してください。

　対応するカタカナ語を持つ英単語で、「日英ギャップ」(カタカナ語のモーラ数から英単語の音節数を差し引いた数値)が大きいものは特に要注意です。正しい音節の数を意識して発音しましょう。

	単語	分綴	音節数	RP1	RP2	カタカナ語	モーラ数	日英ギャップ
1	drive	drive	1	1 1	●	ドライブ	4	3
2	wrap	wrap	1	1 1	●	ラップ	3	2
3	damage	dam·age	2	2 1	●。	ダメージ	4	2
4	apply	ap·ply	2	2 2	。●			
5	control	con·trol	2	2 2	。●	コントロール	6	4
6	express	ex·press	2	2 2	。●	エクスプレス	6	4
7	receive	re·ceive	2	2 2	。●	レシーブ	4	2
8	celebrate	cel·e·brate	3	3 1	●。○			
9	educate	ed·u·cate	3	3 1	●。○			
10	organize	or·gan·ize	3	3 1	●。○			
11	separate	sep·a·rate	3	3 1	●。○	セパレート	5	2
12	examine	ex·am·ine	3	3 2	。●。			
13	represent	rep·re·sent	3	3 3	○。●			
14	recommend	rec·om·mend	3	3 3	○。●			
15	investigate	in·ves·ti·gate	4	4 2	。●。○			
16	communicate	com·mu·ni·cate	4	4 2	。●。○			

UNIT 13

Would you like another one?

基本的な英語のイントネーション

Record Your Performance

発音に注意しながら、英文を音読しましょう。音読した英文は録音し、記録として保存しましょう。この録音は *Oral Reading Training* (p.100) で使用します。

1 **Would you like another one?**
お代わりされますか。

2 **I recommend visiting the zoo.**
その動物園に行くのをお勧めします。

3 **What took you so long?**
どうしてそんなに長くかかったのですか。

Feel the Difference

👍🎧 DL 186, 188, 190 ⏺ CD3-32, 34, 36 👎🎧 DL 187, 189, 191 ⏺ CD3-33, 35, 37

上の英文のモデル発音(👍)と日本人によるNG発音(👎)を聞き比べましょう。どこに違いがあるかを意識しながら何度も聞き、気が付いたところにマークやメモを書きましょう。

1. Would you like another one?

2. I recommend visiting the zoo.

3. What took you so long?

Dictate Each Sentence

🎧 DL 192 ~ 194 ⏺ CD3-38 ~ ⏺ CD3-40

STEP 1 英文のモデル発音を2回ずつ聞いて、空所を埋めましょう。
STEP 2 日本人によるNG発音を1回ずつ聞きましょう。
STEP 3 再度、STEP 1 のモデル発音が2回ずつ流れます。空所の最終確認をしましょう。

1. I (   ) (   ) (   ) (   ).

2. This computer (   ) (   ) (   ).

3. That's (   ) (   ) (   ), (   ) (   ) (   ) (   ) (   ) (   )?

4. (   ) (   ) (   ) (   ) (   ) opinion?

5. Which do you (   ) (   ), (   ) (   ) (   )?

英文のイントネーションに日本語の癖を持ち込まないように！

　話すときに音程を高くしたり低くしたりするパターンのことを「イントネーション」といいます。ここでは「伝えたい内容に応じた英語の音程の基本パターン」を学びます。これらは全て中学や高校で学習済みのはずですが、イントネーションをあまり意識せずに、普段日本語を話すときのイントネーションをそのまま英語を話すときにも持ち込んでいる人が結構いるようです。特に日本語を話すときに「私は↗ 昨日は↗ …」のように語尾が上がる癖のある人は、その癖を英語に持ち込んで、I↗ studied↗ …のような調子にならないよう注意が必要です。基本的な英語のイントネーションの復習をし、しっかり定着させましょう。

平叙文や命令文は、下げ調子（下降調）で言います。

> I used to play soccer. ↘
> Move to the right. ↘

　上の文で波線をつけたのは、各文の一番最後に現れる内容語で、「第１アクセント」がある音節でイントネーションが大きく変動します。

Yes/No で答える疑問文は、上げ調子（上昇調）で言います。

> Are you good at cooking? ↗

who や what, how などの wh 語で始まる疑問文は、下げ調子で言います。

> What's the difference? ↘

選択疑問文は、最初のほうの選択肢は上げ調子で、一番最後の選択肢のみ下げ調子で言います。複数の項目を列挙する場合も同様です。

> Did you go there with Tom, ↗ Bob, ↗ or Mike? ↘

長い文の場合は、いくつかの意味のまとまりで区切り、その区切りの一番最後の内容語の語尾を少しだけ上げ調子で言うことで、発話が未完結で継続することを伝えます。

> I understand your point, → but our budget is limited. ↘

　全く同じ表現であってもイントネーションによって意味が変わるものがあります。(I'm) sorry. ↘ は下げ調子だと「ごめんなさい」という謝罪表現ですが、(I'm) sorry? ↗ と上げ調子で言えば、「すみませんが、もう一度言ってもらえますか」という意味になります。Excuse me? も上げ調子で言えば、これと同じ意味になります。

1. ①〜⑤の文意に合うイントネーションのパターンを予想して、空所に矢印で書き入れましょう。

2. ①〜⑤のモデル音声を聞いて、イントネーションを確認した後、会話を音読しましょう。

例 **Meg:** Is there anything you can't eat? (↗)
Ken: No, I can eat anything.

① **Meg:** Did you turn right ( ) or left ( )?
Ken: Well, I think I turned left. ( )

② **Meg:** This store has an ATM. ( )
Ken: Oh, really? Thank goodness!

③ **Erick:** When did I see you last? ( )
Meg: About five years ago, I think.

④ **Meg:** You broke my favorite cup!
Ken: I'm really sorry. ( )

⑤ **Meg:** I'm not good at Japanese.
Ken: I'm sorry? ( )
Meg: I said I'm not good at Japanese.
Ken: Oh, never mind. ( )

Partial Dictation Drill 🎧 DL 196 ⦾ CD3-42

英文のモデル発音を２回ずつ聞いて、空所を埋めましょう。

1. ( ) ( ) ( ) ( ) here.

2. Was there ( ) ( ) ( ) ( )?

3. You ( ) ( ) ( ) ( ) when you cross streets.

4. ( ) ( ) ( ) ( ) ( ) ( ) the mountain?

5. Each room has a bathroom ( ) ( ) ( ), ( ) ( ),
( ) ( ) ( ).

online / video

鼻音 /m/ と /n/ と /ŋ/

/m/ の音は日本語のマ行音と同じように唇を閉じて、息を鼻から出すようにします。上下の唇を、できるだけしっかりと閉じることを意識しましょう。

/n/ の発音は日本語の「ン」とは異なるので特に注意が必要です。/n/ を発音するときには、必ず「舌先を上の歯茎にしっかりつけて」息を鼻から出します。日本語の「ン」を持つ語とそれに対応する英単語の発音を聞き比べて、英単語の語末の /n/ が「ンヌ」のように鼻に強くかかっているのを確認した上で、真似て発音練習してください。

1. レイン　rain　　　**2.** ナイン　nine　　　**3.** セブン　seven

/ŋ/ は、舌の後ろを口の奥の天井にくっつけ、息を鼻から抜いて発音します。日本語の「晩ごはん」（ばんごはん）を発音したときの「ご」の直前の「ん」の音に似ています。英語の /ŋ/ は、long や sing や singer に出てきますが、日本語の「ロング」「シング」「シンガー」のように語末で /g/ の音を破裂させないよう気を付けましょう。一方、strong は /ŋ/ で終わる単語で、息を鼻から抜くだけですが、その比較級の stronger は /ŋg/ のように /ŋ/ の直後に破裂音 /g/ を入れて発音するので注意してください。

sing　singer　　　　strong　*stronger

Fun with the Sounds

ベートーベンの「運命」の冒頭「ジャ・ジャ・ジャ・ジャーン」のメロディで、/m/, /n/, /ŋ/ のそれぞれの鼻音を発音してみましょう。

Pronounce Words with the Sounds

単語を発音した後、センテンスで発音しましょう。また、正しい発音ができているかどうか、ペアでお互いに確認しましょう。

can, Jim, sing, an, English, song → Can Jim sing an English song?

 Listening Drill: Question-Response　　　　　　🎧 DL 197　💿 CD3-43

1. 質問または発言を聞いて、応答として最も適切なものを (A) ～ (C) から1つ選びましょう。

① (A)　　(B)　　(C)
② (A)　　(B)　　(C)
③ (A)　　(B)　　(C)

2. 答え合わせの後、もう一度会話を聞き、ペアで会話の役割練習をしましょう。

1. 英語のストーリーを聞いて、空所を埋めましょう。　　　　🎧 DL 198　⊙ CD3-44

Crashing Birds

It was a particularly bad week for birds in New York City. While migrating, hundreds of them crashed into the city's skyscrapers and died. ① _____ most likely affected the birds' flight course and judgement.

5　　Almost 300 dead birds were found on the sidewalks around the new World Trade Center towers. ② _____ like the towers are particularly dangerous for birds because the buildings' lights ③ _____, but their glass exteriors are difficult to see. New York's Audubon Society, which keeps track of bird deaths in

10　certain areas within the city during migration season, are hoping skyscraper owners will cooperate to ④ _____. One company that develops and manages skyscrapers is encouraging their tenants to turn off lights and ⑤ _____.

Some birds were lucky. They ⑥ _____

15　_____ at a facility run by the Wild Bird Fund. Thirty of them recovered and were taken to Brooklyn's Prospect Park to be released.

Notes migrate （渡り鳥が）移動する　　exterior （建物などの）外側、外面

2. 空所を埋めたストーリーを読み、次の英文がその内容に合っていれば T、合っていなければ F にマークしましょう。

① Quite a large number of migrating birds were killed in New York City.

[T / F]

② Skyscraper owners were against the idea of turning off lights at night for safety reasons.

[T / F]

③ Thirty birds, which were cared for at a facility, were taken to Brooklyn's Prospect Park after the recovery.

[T / F]

 **Oral Reading Training**

1. 音変化に注意しながら、英文の音読練習をしましょう。　🎧 DL 199　💿CD3-45

> **1** Would you **like** a**noth**er **one**? ↗
> ○ ○ ● ○ ● ○ ●
>
> **2** I recom**mend vis**iting the **zoo**. ↘
> ○ ○ ○ ● ● ○ ○ ● ●
>
> **3** Wha**t took** you **so long**? ↘
> ● ● ○ ● ●

2. 音読練習後に英文を録音して、冒頭の*Record Your Performance*(p.95)で録音した自分の音読パフォーマンスと比較して聞いてみましょう。

Wrap-Up

　本Unitのポイントである「イントネーション」はしっかりと意識できていますか。

　本来、イントネーションが下がるところを間違って上げて発話したり、その逆で、本来はイントネーションが上がるところを下げて発話したりしてしまうと、聞き手は話し手が断定をしているのか、質問をしているのかよく分からなくなってしまい、混乱してしまいます。特に、日本語を話す際に語尾が上がる癖がある人は、英語を話す際にその癖を持ち込んでしまわないように気を付けましょう。

達成度を5段階で自己評価しましょう。

 基本的な英語のイントネーション

できなかった		ふつう		うまくできた
1	2	3	4	5

リズムパターン英単語

🎧 DL 200 💿 CD3-46

⑬ 動物

英単語の「リズムパターン」（いくつの音節から成る単語で、何番目の音節を一番強く読むか）に着目して、発音練習をしましょう。リズムパターンが同じ単語は特にそれを意識して、同じリズムで発音してください。

対応するカタカナ語を持つ英単語で、「日英ギャップ」（カタカナ語のモーラ数から英単語の音節数を差し引いた数値）が大きいものは特に要注意です。正しい音節の数を意識して発音しましょう。

	単語	分綴	音節数	RP1	RP2	カタカナ語	モーラ数	日英ギャップ
1	frog	frog	1	1 1	●			
2	snake	snake	1	1 1	●			
3	whale	whale	1	1 1	●			
4	camel	cam·el	2	2 1	●。			
5	dolphin	dol·phin	2	2 1	●。	ドルフィン	4	2
6	penguin	pen·guin	2	2 1	●。	ペンギン	4	2
7	tuna	tu·na	2	2 1	●。	ツナ	2	0
8	zebra	ze·bra	2	2 1	●。	ゼブラ	3	1
9	animal	an·i·mal	3	3 1	●。。	アニマル	4	1
10	elephant	el·e·phant	3	3 1	●。。	エレファント	5	2
11	dinosaur	di·no·saur	3	3 1	●。○			
12	jellyfish	jel·ly·fish	3	3 1	●。○			
13	gorilla	go·ril·la	3	3 2	。●。	ゴリラ	3	0
14	koala	ko·a·la	3	3 2	。●。	コアラ	3	0
15	chimpanzee	chim·pan·zee	3	3 3	○。●	チンパンジー	6	3
16	kangaroo	kan·ga·roo	3	3 3	○。●	カンガルー	5	2

UNIT 14

Let me have a look.

日常会話表現で総復習1：Units 1–7

Record Your Performance

発音に注意しながら、英文を音読しましょう。音読した英文は録音し、記録として保存しましょう。この録音は *Oral Reading Training* (p.107)で使用します。

1 Let me have a look.
ちょっと見せてください。

2 Are drinks included?
飲み物は付いていますか。

3 Are you allergic to anything?
何かアレルギーはありますか。

Feel the Difference

👍🎧 DL 201, 203, 205 　⊙ CD3-47, 49, 51 　👎🎧 DL 202, 204, 206 　⊙ CD3-48, 50, 52

上の英文のモデル発音（👍）と日本人によるNG発音（👎）を聞き比べましょう。どこに違いがあるかを意識しながら何度も聞き、気が付いたところにマークやメモを書きましょう。

1. Let me have a look.

2. Are drinks included?

3. Are you allergic to anything?

Dictate Each Sentence　　🎧 DL 207 ～ 209　⊙ CD3-53 ～ ⊙ CD3-55

STEP 1 英文のモデル発音を2回ずつ聞いて、空所を埋めましょう。
STEP 2 日本人によるNG発音を1回ずつ聞きましょう。
STEP 3 再度、**STEP 1** のモデル発音が2回ずつ流れます。空所の最終確認をしましょう。

1. (　　　　　　) (　　　　　　　　　　) for you?

2. Is the (　　　　) (　　　) (　　　　　　　)?

3. Is there (　　) (　　　　　　　) (　　　　　)?

4. I'll (　　　　) (　　　) (　　　　　) (　　　　　　).

5. This song really (　　　　　) (　　　) (　　　　　　).

online / video

日本語と英語の音声の特徴の違いを意識した発音練習を続けよう！

　本テキストの前半（Units 1–7）の復習とまとめです。前半の学習での重要ポイントを日常会話表現の例と共に振り返りましょう。

1. 語末に余分な母音を入れて発音しないこと

　「子音＋母音」で終わることの多い日本語の癖を持ち込んで、「job う」のように英単語の語末に余分な母音を挿入しないように気を付けましょう。

❯ You did a great job! 「よくやりましたね！」

2. 「音のカタマリ」（音節）の数を意識して発音練習すること

　余分な母音を挿入してしまうと、英単語の「音のカタマリ」（音節）の数が増え、リズムが崩れて通じにくい発音になるので注意しましょう。

❯ Is there any problem? 「何か問題でも？」

3. 強弱のメリハリをつけて発音すること

　強い音節は「強く・高く・長く・はっきりと」、弱い音節は「弱く・低く・短く・あいまいに」発音することを意識しましょう。

❯ I'm not familiar with this area. 「この辺りは詳しくないんです」

4. アクセントの位置を間違わないように発音すること

　間違った位置の音節にアクセントを置かないように気を付けましょう。特にカタカナ語は要注意です。

❯ Sorry to interrupt you. 「お邪魔してごめんなさい」

5. 単語の発音を覚える際には「英単語リズムパターン」を意識すること

　上記1〜4の全てに関わりますが、英単語のリズムパターン（いくつの音節から成り、どの音節を一番強く発音するか）を常に意識するようにしましょう。

❯ I was so embarrassed. 「すごく気まずかったです」

6. 子音結合を持つ単語の発音に注意すること

　子音が連なる子音結合を持つ英単語では、余分な母音挿入をして発音しがちなので、特に気を付けましょう。

❯ Just bring yourself. 「手ぶらで来てください」

Unit 5の単語の発音練習で行った「発音体操」を英文で行ってみましょう。前ページの1〜6の
ポイントに加え、Unit 12で学んだ「等間隔リズム」も強く意識しながら、強弱のメリハリを体
の動きで表して、英語の正しいリズムを体に染み込ませましょう。強音節は「強く・高く・長く・
はっきりと」をイメージし、体を大げさに動かしましょう。

1. Have a seat.「お座りください」

かまえて　　　思いきり伸ばす　　腕を元に下げて　　再び思いきり伸ばす

　　　　　　　　Have　　　　　a　　　　　seat.

2. It's open.「（座席は）空いていますよ」

かまえて　　　　顔を　　　腕を横に広げて　　腕を
手の甲を見せて　隠して　　　顔を出す　　　下ろす
手は開いたまま

　　　　　　　It's　　　　o-　　　　-pen.

3. It's better than nothing.「何もないよりよしです」

かまえて　　　そのまま　　右腕を前に出して　両腕を
　　　　　　　発声　　　　親指を立てる　　　クロスさせる

　　　　　　It's　　better than　　nothing.

online / video

注意すべき発音の仕方1　飲み込む音

　button「ボタン」やgarden「庭」のように /t/ や /d/ の直後に /n/ の音が来る場合、/t/ や /d/ は、歯茎から舌先を離さないで破裂させずに息を鼻から抜き、あたかもこれらの音が飲み込まれるような発音となることがあります。以下で /t/ と /d/ を破裂させて発音する場合と、破裂させないで発音する場合の両方を聞き比べてみましょう。

| /t/＋/n/
「破裂あり→破裂なし」の順で | **1.** button | **2.** curtain | **3.** Britain |
| | **4.** certain | **5.** written | **6.** forgotten |

| /d/＋/n/
「破裂あり→破裂なし」の順で | **1.** garden | **2.** sudden | **3.** Sweden |
| | **4.** didn't | **5.** shouldn't | **6.** wouldn't |

　/t/ と /d/ を破裂させて発音するか、破裂させないで発音するかについては、自分の発音しやすいほうで発音すればよいですが、リスニング力を高めるためには、意識すればどちらの仕方でも発音できるように、モデル音声をしっかり聞いて、そっくりそのまま真似てみる練習をしておきましょう。

Fun with the Sounds

ペアを組み、一人は *Focus on Sounds* で出てきた単語を1つ選んで、「破裂あり」で連続で発音しましょう。相手の人が手を叩いた瞬間から「破裂なし」で発音を続け、再度、相手の人が手を叩いたら瞬時に「破裂あり」で発音しましょう。

Pronounce Words with the Sounds

単語を発音した後、センテンスで発音しましょう。また、正しい発音ができているかどうか、ペアでお互いに確認しましょう。

　shouldn't, garden, Britain → You shouldn't miss the garden in Britain.

 Listening Drill: Question-Response　　　　🎧 DL 211　◎ CD3-57

1. 質問または発言を聞いて、応答として最も適切なものを (A) 〜 (C) から1つ選びましょう。

① (A)　　(B)　　(C)

② (A)　　(B)　　(C)

③ (A)　　(B)　　(C)

2. 答え合わせの後、もう一度会話を聞き、ペアで会話の役割練習をしましょう。

1. 英語のストーリーを聞いて、空所を埋めましょう。　　　 DL 212　CD3-58

Money for Nothing

Getting paid to do nothing? It sounds too good to be true, but a German university offered to do just that.

Hamburg's University of Fine Arts granted Scholarships for Doing Nothing to three women chosen from almost 3,000 applicants. The recipients

5　were a counselor who is a Muslim feminist, a conceptual ① _____ _____, and a food technology expert. Each was paid 1,600 euros to not do ② _____, such as wear a headscarf, use a smartphone, or, simply, work.

The idea for the unique scholarship ③ _____

10　_____: Why does society promote sustainability while placing so much ④ _____? The university wanted to find out if and how inactivity could help an achievement-oriented society become a more sustainable one.

Finalists with interesting agendas included a doctor who wouldn't give

15　out addicting painkillers to patients, a television reporter who ⑤ _____ _____ negative news, and a man who ⑥ _____ _____ in order to listen to others more carefully.

2. 空所を埋めたストーリーを読み、次の英文がその内容に合っていれば T、合っていなければ F にマークしましょう。

① A university in Germany blamed the three women for doing nothing.

[T / F]

② The scholarship was given to those who gave a great talk about sustainability.

[T / F]

③ One of the finalists, who was a television reporter, planned not to report negative news.

[T / F]

🎤 *Oral Reading Training*

1. 音変化に注意しながら、英文の音読練習をしましょう。　🎧 DL 213　💿 CD3-59

> **1 Le**t me **have** a **look.**
> ● ○ ● ○ ●
>
> **2** Are **drinks** inc**lud**ed?
> ○ ● ○ ● ○
>
> **3** Are you al**ler**gic to **an**ything?
> ○ ○ ○● ○ ○● ○ ○

2. 音読練習後に英文を録音して、冒頭の*Record Your Performance* (p.102) で録音した自分の音読パフォーマンスと比較して聞いてみましょう。

　　Units 1-7のポイントである「母音挿入の阻止」「音のカタマリの数」「強弱アクセント」「アクセントの位置」「リズムパターン」「2つの子音が連なる子音結合」「3つの子音が連なる子音結合」はしっかりと意識できていますか。

　　これまでに学んだ発音のコツを総動員して、正しい英語のリズムで英文を言えるようになりましょう。このUnitで取り上げた会話表現は日常生活で頻繁に使うようなものばかりですので、使う必要性に迫られた際にさっと正しい発音で言えるようになるまで発音練習を続けましょう。

達成度を5段階で自己評価しましょう。

 日常会話表現で総復習1：Units 1-7

できなかった		ふつう		うまくできた
1	2	3	4	5

リズムパターン英単語

⑭ 学校

　英単語の「リズムパターン」(いくつの音節から成る単語で、何番目の音節を一番強く読むか)に着目して、発音練習をしましょう。リズムパターンが同じ単語は特にそれを意識して、同じリズムで発音してください。

　対応するカタカナ語を持つ英単語で、「日英ギャップ」(カタカナ語のモーラ数から英単語の音節数を差し引いた数値)が大きいものは特に要注意です。正しい音節の数を意識して発音しましょう。

	単語	分綴	音節数	RP1	RP2	カタカナ語	モーラ数	日英ギャップ
1	college	col·lege	2	2 1	●。	カレッジ	4	2
2	science	sci·ence	2	2 1	●。	サイエンス	5	3
3	subject	sub·ject	2	2 1	●。			
4	blackboard	black·board	2	2 1	●○	ブラックボード	7	5
5	playground	play·ground	2	2 1	●○			
6	textbook	text·book	2	2 1	●○	テキストブック	7	5
7	chemistry	chem·is·try	3	3 1	●。。	ケミストリー	6	3
8	statistics	sta·tis·tics	3	3 2	。●。			
9	biology	bi·ol·o·gy	4	4 2	。●。。	バイオロジー	6	2
10	calligraphy	cal·lig·ra·phy	4	4 2	。●。。	カリグラフィー	6	2
11	ecology	e·col·o·gy	4	4 2	。●。。	エコロジー	5	1
12	education	ed·u·ca·tion	4	4 3	○。●。	エデュケーション	6	2
13	mathematics	math·e·mat·ics	4	4 3	○。●。			
14	elementary	el·e·men·ta·ry	5	5 3	○。●。。			
15	university	u·ni·ver·si·ty	5	5 3	○。●。。	ユニバーシティ	6	1
16	examination	ex·am·i·na·tion	5	5 4	。○。●。			

UNIT 15

It's a pleasure to meet you.

日常会話表現で総復習 2：Units 8–13

Record Your Performance

発音に注意しながら、英文を音読しましょう。音読した英文は録音し、記録として保存しましょう。この録音は *Oral Reading Training* (p.114) で使用します。

1 **It's a pleasure to meet you.**
お会いできて光栄です。

2 **Don't even think about it.**
そんなこと考えないで。

3 **How is the assignment coming along?**
課題はどれくらい進んでいますか。

Feel the Difference

👍🎧 DL 215, 217, 219 💿 CD3-61, 63, 65   👎🎧 DL 216, 218, 220 💿 CD3-62, 64, 66

上の英文のモデル発音（👍）と日本人によるNG発音（👎）を聞き比べましょう。どこに違いがあるかを意識しながら何度も聞き、気が付いたところにマークやメモを書きましょう。

1. It's a pleasure to meet you.

2. Don't even think about it.

3. How is the assignment coming along?

Dictate Each Sentence

🎧 DL 221 ~ 223 💿 CD3-67 ~ 💿 CD3-69

STEP 1 英文のモデル発音を2回ずつ聞いて、空所を埋めましょう。
STEP 2 日本人によるNG発音を1回ずつ聞きましょう。
STEP 3 再度、STEP 1 のモデル発音が2回ずつ流れます。空所の最終確認をしましょう。

1. I'll (　　　　) (　　　　) (　　　　) (　　　　) (　　　　).

2. (　　　　　) (　　　　) (　　　　) (　　　　) in more detail?

3. (　　　　) (　　　　) (　　　　) this weekend.

4. I really need (　　　　) (　　　　) (　　　) (　　　　　　).

5. I shouldn't (　　　　) (　　　　) (　　　　) (　　　) (　　　　　).

語と語のつなぎ目や文全体の発音に意識を向けて練習しよう!

本テキストの後半(Units 8–13)の復習とまとめです。後半の学習での重要ポイントを日常会話表現の例と共に振り返りましょう。

1. 音の「連結」によって、ぶつ切り発音を防ぐこと

前の単語が子音で終わり、次の単語が母音で始まる場合は、「子音＋母音」で音をくっつけて連結させましょう。

> ❯ It's on the tip of my tongue.　「ここまで出かかっているのですが」

2. 音の「同化」の発音練習でリスニング力を伸ばすこと

語末の /t/, /d/, /s/, /z/ の直後に /j/ の音が来るときに音の同化をさせて発音する人の英語が聞き取れるように、同化の音真似練習をしましょう。

> ❯ Would you like another one?　「お代わりされますか」

3. 音の「脱落」によって自然な省エネ発音をすること

お互いに似た音が隣り合わせになった場合は、1 つ目の音を落として発音する「脱落」ができるように何度も練習しましょう。

> ❯ Better luck next time.　「今度はがんばってくださいね」

4. 英文中の内容語を強く、機能語を弱く読むことで強弱のメリハリをつけること

英語の文の発音も、単語の発音同様にしっかりと強弱のメリハリをつけて発音しましょう。原則として内容語を強く、機能語を弱く読むようにしましょう。

> ❯ Please give my regards to your family.　「ご家族によろしくお伝えください」

5. 英文の発音の際に英語特有の「等間隔リズム」を意識すること

英文中の強音節から次の強音節までの長さをほぼ等間隔にすることを意識して、それぞれの音節の長さを調整して発音できるように練習しましょう。

> ❯ It's very nice of you to lend me your stapler.
> 　　　　　　　　　「ホチキスを貸していただき、ありがとうございます」

6. 基本的な英語のイントネーションの使い分けができるように

同じ疑問文でも Yes/No 疑問文は上げ調子、wh 疑問文は下げ調子で発音するなど、基本的な英語のイントネーションで発音できるようになりましょう。

> ❯ What's your plan for the holiday?　「休みの予定は何ですか」

「発音体操」を通して、自然な英語のリズムで日常会話表現を定着させましょう。表現内の英単語のリズムパターンやUnit 12で学んだ「等間隔リズム」を強く意識しながら、強弱のメリハリを体の動きで表してください。強音節は「強く・高く・長く・はっきりと」をイメージし、体を大げさに動かしましょう。

1. Did you have a good time?「楽しかったですか」

かまえて	両腕を下げて	思いきり伸ばす	両腕を下げて	両腕をちょっと上げて	再び思いきり伸ばす
Did you	**have**	**a**	**good**		**time?**

2. You're going the wrong way.「そっちの道ではありませんよ」

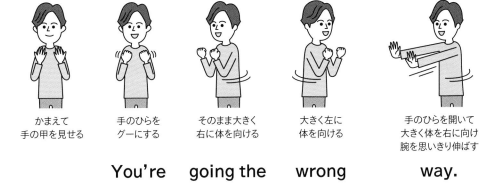

かまえて 手の甲を見せる	手のひらを グーにする	そのまま大きく 右に体を向ける	大きく左に 体を向ける	手のひらを開いて 大きく体を右に向け 腕を思いきり伸ばす
You're	**going the**	**wrong**		**way.**

3. It goes well with coffee.「それはコーヒーとよく合います」

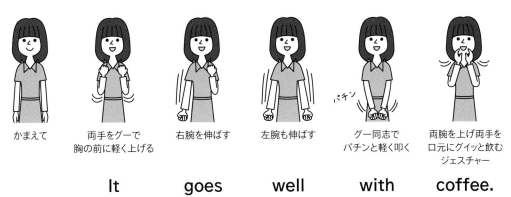

かまえて	両手をグーで 胸の前に軽く上げる	右腕を伸ばす	左腕も伸ばす	グー同志で パチンと軽く叩く	両腕を上げ両手を 口元にグイッと飲む ジェスチャー
It	**goes**	**well**	**with**		**coffee.**

注意すべき発音の仕方2　たたき音

　Get on the bus.「バスに乗って」のGet onは「子音＋母音」の「音の連結」により「ゲトン」のように発音されますが、アメリカ英語では「ゲロン」のように発音される場合が少なくありません。Getの語末の/t/は母音に挟まれると「声を出しながら舌を歯茎にポンっとたたきつけるような音」つまり、日本語の「ラ行音のような音」（たたき音）に変化することがあります。この現象はcityのように「母音に挟まれたt」を持つ単語内でも起こります。

　通常の/t/の音の連結の場合と、たたき音に変化した場合の発音を聞き比べてみましょう。

単語と単語の間で「通常の連結→たたき音」の順で

1. Get on the bus.

2. What about you?

3. Not at all.

「母音に挟まれたt」を持つ単語内で「通常の破裂音t→たたき音」の順で

1. city　　　**2.** water　　　**3.** better

4. party　　　**5.** daughter　　　**6.** battery

> ペアを組み、一人は**Focus on Sounds**で出てきた3つの英文から1つを選んで、「通常の連結」で連続で発音しましょう。相手の人が手を叩いた瞬間から「たたき音」で発音を続け、再度、相手の人が手を叩いたら瞬時に「通常の連結」で発音してみましょう。

Pronounce Words with the Sounds

最初に通常の音の連結で発音した後、「たたき音」で発音し、その後にセンテンスで発音しましょう。

　let it go, let it go → I think you should just let it go.「ただ放っておけばいいと思います」

 Listening Drill: Question-Response　　　　　 DL 225　CD3-71

1. 質問または発言を聞いて、応答として最も適切なものを (A) 〜 (C) から1つ選びましょう。

①(A)　　(B)　　(C)

②(A)　　(B)　　(C)

③(A)　　(B)　　(C)

2. 答え合わせの後、もう一度会話を聞き、ペアで会話の役割練習をしましょう。

1. 英語のストーリーを聞いて、空所を埋めましょう。　　🎧 DL 226　💿 CD3-72

Unopened Letters

It all came about with the discovery of over 500 unopened, ① _____. The letters were from late 17th to early 18th century Europe, when a technique called "letter locking" was popular. People used letter locking to keep others from ② _____

5　_____ private letters. Instead of using an envelope, the technique involves folding a letter in a complicated way to ③ _____ _____ to open. Now, a research team has found a way to read such letters without opening them.

Unfolding the old letters would mean damaging them. So, the research

10　team ④ _____ a special X-ray scanner and computer algorithms to "virtually" unfold the letters.

The first letter they read this way ⑤ _____ July 31, 1697, and was from a Frenchman to his cousin who was working in the Netherlands. There was nothing special about the letter—it was simply a

15　request for a legal document. But being able to read such letters ⑥ _____ _____ because it provides valuable insight into how ordinary people lived so long ago.

Note　algorithm　アルゴリズム

2. 空所を埋めたストーリーを読み、次の英文がその内容に合っていれば T、合っていなければ F にマークしましょう。

① "Letter locking" was a popular technique for preventing others from opening and reading private letters in the 17th to 18th centuries.　　[T / F]

② The research team damaged some of the old letters when they tried to open them.　　[T / F]

③ The first old letter read by the research team with the special technology was found to have been addressed to a Frechman's cousin.　　[T / F]

1. 音変化に注意しながら、英文の音読練習をしましょう。　　🎧 DL 227　⏺ CD3-73

> **1** It's ⌣a **pleas**ure to **meet** you.
> ○　○　●　○　○　●　○
>
> **2** **Don't** ⌣**e**ven **think** ⌣about ⌣it.
> ●　●○　●　○　○　○
>
> **3** **How** is the as**sign**ment **com**ing a**long**?
> ●　○　○○　●　○　●　○　○●

2. 音読練習後に英文を録音して、冒頭の*Record Your Performance*（p.109）で録音した自分の音読パフォーマンスと比較して聞いてみましょう。

Wrap-Up

　Units 8–13のポイントである「音の連結」「音の同化」「音の脱落」「内容語と機能語の強弱」「等間隔リズム」「イントネーション」はしっかりと意識できていますか。

　本テキストの最後のUnitとなりましたが、これまでに学んできたさまざまな発音のコツは知識としてとどめておくのではなく、必ず声に出して何度も発音練習することで、英語らしい音や英語特有のリズムを体に染み込ませるようにしてください。それによって英語の発音スキルだけではなく、リスニングの力も劇的に向上するはずです。がんばりましょう！

- - - - - - - - - -

達成度を5段階で自己評価しましょう。

日常会話表現で総復習2：Units 8-13

できなかった		ふつう		うまくできた
1	2	3	4	5

リズムパターン英単語

⑮ 文房具

　英単語の「リズムパターン」(いくつの音節から成る単語で、何番目の音節を一番強く読むか)に着目して、発音練習をしましょう。リズムパターンが同じ単語は特にそれを意識して、同じリズムで発音してください。

　対応するカタカナ語を持つ英単語で、「日英ギャップ」(カタカナ語のモーラ数から英単語の音節数を差し引いた数値)が大きいものは特に要注意です。正しい音節の数を意識して発音しましょう。

	単語	分綴	音節数	RP1	RP2	カタカナ語	モーラ数	日英ギャップ
1	glue	glue	1	1 1	●			
2	tape	tape	1	1 1	●	テープ	3	2
3	compass	com·pass	2	2 1	●○	コンパス	4	2
4	crayon	cray·on	2	2 1	●○	クレヨン	4	2
5	magnet	mag·net	2	2 1	●○	マグネット	5	3
6	marker	mark·er	2	2 1	●○	マーカー	4	2
7	ruler	rul·er	2	2 1	●○			
8	scissors	scis·sors	2	2 1	●○			
9	stapler	sta·pler	2	2 1	●○			
10	sticker	stick·er	2	2 1	●○	ステッカー	5	3
11	notebook	note·book	2	2 1	●○	ノートブック	6	4
12	postcard	post·card	2	2 1	●○	ポストカード	6	4
13	sharpener	sharp·en·er	3	3 1	●○○			
14	envelope	en·ve·lope	3	3 1	●○○			
15	eraser	e·ras·er	3	3 2	○●○			
16	stationery	sta·tion·er·y	4	4 1	●○○○	ステーショナリー	7	3

オンライン映像配信サービス「plus+Media」について

本テキストの映像は plus+Media ページ（www.kinsei-do.co.jp/plusmedia）から、ストリーミング再生でご利用いただけます。手順は以下に従ってください。

ログイン

ログインページ

● ご利用には、ログインが必要です。
サイトのログインページ（www.kinsei-do.co.jp/plusmedia/login）へ行き、plus+Media パスワード（次のページのシールをはがしたあとに印字されている数字とアルファベット）を入力します。

● パスワードは各テキストにつき1つです。
有効期限は、<u>はじめて</u>ログインした時点から1年間になります。

[利用方法]

次のページにある QR コード、もしくは plus+Media
トップページ（www.kinsei-do.co.jp/plusmedia）から該当するテキストを選んで、そのテキストのメインページにジャンプしてください。

メニューページ　　　　　再生画面

plus+Media トップ　　　　メインページ

「Video」「Audio」をタッチすると、それぞれのメニューページにジャンプしますので、そこから該当する項目を選べば、ストリーミングが開始されます。

[推奨環境]

iOS (iPhone, iPad)	OS: iOS 12 以降 ブラウザ：標準ブラウザ	Android	OS: Android 6 以降 ブラウザ：標準ブラウザ、Chrome
PC	OS: Windows 7/8/8.1/10, MacOS X　ブラウザ：Internet Explorer 10/11, Microsoft Edge, Firefox 48以降, Chrome 53以降, Safari			

※最新の推奨環境についてはウェブサイトをご確認ください。
※上記の推奨環境を満たしている場合でも、機種によってはご利用いただけない場合もあります。また、推奨環境は技術動向等により変更される場合があります。予めご了承ください。

このシールをはがすと
plus**+**Media 利用のための
パスワードが
記載されています。

一度はがすと元に戻すことは
できませんのでご注意下さい。

◀ ここからはがして下さい

4177 Rhythm
Pattern Listening

plus**+M**edia

本書にはCD（別売）があります

Rhythm Pattern Listening

「英単語リズムパターン」で学ぶリスニング

2023年1月20日　初版第1刷発行
2023年2月20日　初版第2刷発行

著　者　　高　山　芳　樹

発行者　　福　岡　正　人
発行所　　株式会社　金　星　堂

（〒101-0051）　東京都千代田区神田神保町 3-21
Tel　　(03) 3263-3828 (営業部)
　　　　(03) 3263-3997 (編集部)
Fax　　(03) 3263-0716
https://www.kinsei-do.co.jp

編集担当　池田恭子・長島吉成　　　　　　　　　　Printed in Japan
印刷所・製本所／株式会社カシヨ

ISBN978-4-7647-4177-5　C1082